田中 徹也 著

東京法令出版

改訂に寄せて

　地方公務員への人事評価制度の導入と、元職員から現職職員への働きかけの規制を主な内容とする、地方公務員法の改正法が、本年4月から施行されました。

　今回の法改正は、長年にわたり検討が続けられてきた内容がようやく実現したものであり、地方公務員法の歴史の中でも大きな改正です。

　そこで、今回の法改正に合わせて、本書の内容を全面的に見直し、最新の情報を反映したものに改訂しました。

　もちろん、今回の改訂版においても、法律の正確な内容や趣旨を、図を用いながら分かりやすく説明する、というコンセプトに変わりはありません。

　地方公務員法の的確な理解のために、本書を活用していただければ幸いです。

　　平成28年9月

　　　　　　　　　　　　　　　　　　　　　　　　田　中　徹　也

は　し　が　き

　私たち住民の暮らしに直接関わる、身近な地方行政を担う地方公務員。時代の流れとともに、行政に求められる役割も変化し、国から地方への権限委譲も進められる中で、地方公務員の在り方が改めて問われようとしています。

　その地方公務員の人事の根本的な基準を定めている地方公務員法は、地方公務員の在り方に大きく関わる法律であり、地方公務員自身はもちろん、地方行政に関わりや関心のある全ての人にきちんと理解しておいていただきたい法律です。

　地方公務員法については、優れた解説書が数多く出されています。ただ、ずっと文章が続く解説書は、内容を分かりやすく体系的に理解するのにはあまり向いていませんし、読んだ後に記憶に残りにくいと思います。一方、図・表を多用している参考書も出されているのですが、法律の内容についてのしっかりとした説明が必ずしも伴っていないように見受けられます。

　そこで、地方公務員法の仕組みを図によって分かりやすく理解していただくと同時に、制度の内容・趣旨をきちんと理解していただく、この両者の両立を目指したのが本書なのです。

　本書は、分かりやすく読み進めていただけるよう、全体を33のPartに分けて、全てのPartを同一の構成でまとめています。

　まず、それぞれのPartの中で重要な点を「ポイント」として冒頭に簡潔に箇条書きの形で示しています。そしてそのポイントごとに、法律の内容を説明するとともに、なぜそのような制度になっているのか、そ

の趣旨を分かりやすく解説することを心掛けました。

　そして、全てのPartにおいて、法律や制度の仕組みをビジュアルに分かりやすく表現した図を掲げて、内容の的確な理解が進められるようにしています。

　さらに、「条文をチェック！」において、根拠となる地方公務員法の条文を示すとともに、関連する各法令の条文も適宜掲載しました。また、条文の解釈上重要な点については、「解説」として補足説明を加えています。

　そして最後に、そのPartについてさらに理解と興味を持っていただけるよう、「ザ・コラム」として、一歩進んだ解説を付けておきました。

　文中には、参照すべき他のPartを示すマーク（☞ **Part ○**）も適宜付けておきましたので、読者の皆さんは、好きなPartから読み進めてください。また、100の「ポイント」を覚えるだけでも地方公務員法の概要をつかむことができるでしょう。興味に応じて、図やコラムをランダムに読んでいただいても構いません。

　もちろん、昇任試験対策や実務等にも大いに活用していただけるよう、地方公務員法の主要な論点や行政実例、最高裁判所の判例（文中では判決の日付を「最判昭○．○．○」と表記しています。）も多数引用してあります。本書を一通り読んでいただければ、地方公務員法に関する体系的な理解が身に付くことと思います。

　読者の皆さんがそれぞれのスタイルに応じて本書を読んでいただき、地方公務員法についての理解を深められることを願っています。

　平成23年3月

田 中　徹 也

目　次　①

◤ 目　次 ◢

ページ

Part 1　地方公務員法の意義 ……………………………… 7

❶　人事に関する根本基準 ……………………………… 7

❷　地方公務員法と条例 ………………………………… 7

❸　人事行政に関わる法令等 …………………………… 8

（ザ・コラム）地方公務員法の制定 …………………………10

Part 2　地方公務員法の構成 ……………………………… 11

❹　地方公務員法という法律の構成 ………………… 11

❺　地方公務員法と国家公務員法 …………………… 12

❻　地方公務員法の改正 ……………………………… 12

（ザ・コラム）国家公務員法 …………………………………14

Part 3　地方公務員とは ……………………………………… 15

❼　地方公共団体の「すべての公務員」……………… 15

❽　地方公務員の3要素 ……………………………… 16

❾　特定地方独立行政法人の役員・職員 …………… 16

（ザ・コラム）第2条の「地方公務員」と第3条の「地方公務員」…………18

Part 4　一般職と特別職 ……………………………………… 19

❿　一般職と特別職 …………………………………… 19

⓫　地方公務員法の適用対象 ………………………… 20

⓬　特別職に属する地方公務員 ……………………… 20

（ザ・コラム）消防団員 ………………………………………23

Part 5　人事機関 ……………………………………………… 24

⓭　任命権者 …………………………………………… 24

⓮　人事委員会・公平委員会の設置 ………………… 25

⓯　人事委員会・公平委員会の権限 ………………… 25

（ザ・コラム）人事委員会・公平委員会の運営 …………………28

Part 6　職員に適用される基準の通則 ················ 29

⓰　平等取扱の原則 ······························· 29

⓱　外国人の任用 ······························· 30

⓲　情勢適応の原則 ····························· 31

（**ザ・コラム**）日本国籍を必要とする職種、必要としない職種 ············· 32

Part 7　任用の根本基準 ·························· 33

⓳　任用とは ··································· 33

⓴　成績主義（メリット・システム） ·············· 34

㉑　欠格条項 ··································· 34

（**ザ・コラム**）職階制 ·························· 37

Part 8　任命の方法 ···························· 38

㉒　任命の方法 ······························· 38

㉓　採用の法的性質 ··························· 39

㉔　任命の方法の基準 ······················· 40

（**ザ・コラム**）採用内定に関する最高裁判例 ············ 42

Part 9　競争試験と選考 ························ 43

㉕　人事委員会を置く地方公共団体における採用 ············ 43

㉖　人事委員会を置かない地方公共団体における採用 ·········· 44

㉗　条件付採用 ······························· 44

（**ザ・コラム**）競争試験による任用 ················ 47

Part10　臨時的任用・非常勤職員 ················ 48

㉘　臨時的任用 ······························· 48

㉙　一般職の非常勤職員 ······················· 49

㉚　特別職の非常勤職員 ······················· 50

（**ザ・コラム**）臨時的任用・非常勤職員の制度運用の問題点 ············ 51

Part11　任期付採用 ···························· 52

㉛　任期の定めのある任用の可否 ················ 52

㉜　任期付採用の内容 ························· 53

㉝　任期付短時間勤務職員 ····················· 53

目　次　③

（**ザ・コラム**）任期付研究員の制度 ……………………… 56

Part12　特別な任用等 …………………………………… 57

㉞　兼職と充て職 ……………………………………… 57

㉟　事務従事と補助執行 ……………………………… 58

㊱　出向と派遣 ………………………………………… 58

（**ザ・コラム**）公益的法人等への職員派遣の手法 ……… 61

Part13　人事評価、研修 ………………………………… 62

㊲　人事評価の実施 …………………………………… 62

㊳　人事評価に基づく措置 …………………………… 63

㊴　研修 ………………………………………………… 63

（**ザ・コラム**）人材育成のための取組 …………………… 66

Part14　勤務条件の根本基準 …………………………… 67

㊵　給与決定における「均衡の原則」……………… 67

㊶　給与以外の勤務条件決定における「均衡の原則」……… 68

㊷　勤務条件に関する条例主義 ……………………… 69

（**ザ・コラム**）ラスパイレス指数 ………………………… 70

Part15　給与に関する原則 ……………………………… 71

㊸　職務給の原則 ……………………………………… 71

㊹　重複給与支給の禁止 ……………………………… 72

㊺　給与支払の３原則 ………………………………… 72

（**ザ・コラム**）給与請求権 ………………………………… 75

Part16　給与その他の給付の内容 ……………………… 76

㊻　非常勤職員への給付 ……………………………… 76

㊼　常勤職員への給付 ………………………………… 76

㊽　手当 ………………………………………………… 77

（**ザ・コラム**）特殊勤務手当 ……………………………… 79

Part17　勤務時間 ………………………………………… 80

㊾　勤務時間の定め …………………………………… 80

㊿　時間外勤務 ………………………………………… 80

(51) 休憩時間 …… 81
（ザ・コラム） 変形労働時間制 …… 84
Part18 休日・休暇 …… 85
(52) 休日 …… 85
(53) 休暇 …… 86
(54) 年次有給休暇 …… 86
（ザ・コラム） 特別休暇の事由・期間 …… 88
Part19 部分休業・休業 …… 89
(55) 部分休業 …… 89
(56) 休業 …… 90
(57) 育児休業 …… 90
（ザ・コラム） 育児休業制度の発展 …… 93
Part20 分限及び懲戒の意義 …… 94
(58) 分限処分と懲戒処分 …… 94
(59) 身分保障としての意義 …… 95
(60) 分限と懲戒の関係 …… 95
（ザ・コラム） 依願退職・勧奨退職 …… 97
Part21 分限処分の内容 …… 98
(61) 降任・免職 …… 98
(62) 事由該当の判断 …… 99
(63) 休職・降給 …… 99
（ザ・コラム） 行政整理による分限免職 …… 102
Part22 定年退職と再任用 …… 103
(64) 定年退職 …… 103
(65) 再任用制度 …… 104
(66) 常勤職と短時間勤務の職 …… 104
（ザ・コラム） 定年制の導入 …… 107
Part23 懲戒処分の内容 …… 108
(67) 懲戒処分の事由 …… 108

(68) 懲戒処分の種類 …… 109
(69) 退職出向後復職職員への懲戒処分 …… 109
（ザ・コラム）懲戒処分の内容の決定 …… 111
Part24 服務の根本基準 …… 112
(70) 服務の意義 …… 112
(71) 全体の奉仕者 …… 113
(72) 服務の宣誓 …… 113
（ザ・コラム）服務の宣誓の内容 …… 115
Part25 職務上の義務 …… 116
(73) 法令等及び上司の職務上の命令に従う義務 …… 116
(74) 違法な命令を受けた場合 …… 117
(75) 職務に専念する義務 …… 117
（ザ・コラム）県費負担教職員の服務 …… 119
Part26 身分上の義務 …… 120
(76) 信用失墜行為の禁止 …… 120
(77) 秘密を守る義務 …… 121
(78) 営利企業等に関する制限 …… 121
（ザ・コラム）教育公務員の営利企業への従事等の制限 …… 124
Part27 政治的行為の制限 …… 125
(79) 政治的行為の制限の内容 …… 125
(80) 政治的行為の制限の合憲性 …… 126
(81) 政治的行為の制限に関する規定の適用 …… 126
（ザ・コラム）公職選挙法による制限 …… 129
Part28 福祉に関する制度 …… 130
(82) 厚生制度 …… 130
(83) 共済制度 …… 131
(84) 公務災害補償 …… 131
（ザ・コラム）地方公務員の退職年金制度 …… 134
Part29 利益の保護 …… 135

㊚　措置要求 ……………………………………………………… 135

㊙　審査請求 ……………………………………………………… 136

㊦　審査請求前置主義 …………………………………………… 137

（ザ・コラム）不利益処分に関する説明書の交付 ………………… 139

Part30　労働基本権の制約 ……………………………………… 140

㊥　公務員と労働基本権 ………………………………………… 140

㊦　争議行為の禁止 ……………………………………………… 141

㊧　警察職員・消防職員の労働基本権 ………………………… 142

（ザ・コラム）争議行為禁止の合憲性に関する判例の変遷 ……… 144

Part31　団結権 ……………………………………………………… 145

㊐　職員団体 ……………………………………………………… 145

㊒　職員団体の登録 ……………………………………………… 146

㊓　地方公営企業等の職員が結成する労働組合 ……………… 147

（ザ・コラム）ＩＬＯ条約と職員団体 ……………………………… 149

Part32　団体交渉権 ………………………………………………… 150

㊔　交渉 …………………………………………………………… 150

㊕　書面による協定 ……………………………………………… 151

㊖　労働協約 ……………………………………………………… 151

（ザ・コラム）交渉の方法 …………………………………………… 154

Part33　補則・罰則 ………………………………………………… 155

㊗　特例法が適用される職員 …………………………………… 155

㊘　労働関係法規の適用除外 …………………………………… 156

㊙　人事行政の運営の状況の公表 ……………………………… 156

⑩　罰則 …………………………………………………………… 156

（ザ・コラム）人事行政運営の状況の公表の方法 ………………… 159

さくいん ……………………………………………………………… 161

1 地方公務員法の意義 ⑦

地方公務員法の意義

ポイント

Local Public Service Act

① 地方公務員法は、全ての地方公共団体が従うべき<u>人事に関する根本基準</u>を定めるもの。
② 各地方公共団体は、地方公務員法の規定に従うとともに、必要に応じて人事に関する<u>条例</u>を定める。
③ 地方公務員法のほかにも、地方公務員の人事に関する様々な法令がある。

❶ 人事に関する根本基準

　地方公務員法（昭和25年法律第261号）は、地方公務員の人事に関する統一的な法律として、昭和25年に制定され、昭和26年から28年にかけて順次施行されました。

　この法律は、地方公共団体の人事機関と人事行政に関する根本基準を定める基本法です。人事に関して全ての地方公共団体が従うべき基本的な事項を法律で規定することによって、地方公共団体の行政が民主的かつ能率的に運営されることを保障しているのです。そして究極的には、地方自治の本旨（あるべき姿）の実現に資することを目的としています。

❷ 地方公務員法と条例

　地方公務員法は、人事行政に関して全ての地方公共団体が守らなければならない基本的な事項を定めていますが、法律で画一的に規定されていない事項については、各地方公共団体がそれぞれの実情に応じて条例で定めることとされています。

地方公共団体の人事行政は、地方公共団体の存立・活動のための基盤を担うものですから、その基本原則については、住民を代表する意思決定機関である議会の議決によって成立する条例で定めるものとされているのです。

ただし、各地方公共団体は条例の内容を全く自由に決めてよいわけではなく、人事行政に関する基本法である地方公務員法の理念に反しない内容にしなければならないこととされています。

❸　人事行政に関わる法令等

地方公務員の人事行政に関しては、基本法である地方公務員法と、各地方公共団体が定める条例が、車の両輪とも言うべき存在です。ただし、そのほかにも地方公務員の人事行政に関わる様々な法令等が存在することに留意する必要があります。

そもそも、国の最高法規である日本国憲法において、公務員は全体の奉仕者であって一部の奉仕者ではないとする規定（☞ Part 24 ）など、公務員の人事に関わる規定があります。全ての法令等は、日本国憲法の規定に反しない範囲内でしか有効になりません。

また、全国で統一的に規定すべき事項は国が法律で定めますが、地方公務員法以外にも地方公務員の人事行政に関わる様々な法律があります。まず、地方公共団体に関する基本的な法律である地方自治法（昭和22年法律第67号）において、地方公共団体の組織や運営等に関する規定が置かれています。また、労働者の労働条件の基準について定める労働基準法（昭和22年法律第49号）の規定も、原則として地方公務員にも適用されます。それ以外にも、地方公務員の人事行政に関して、特定の分野・職種について規定する様々な特別法・特例法が存在します。

さらに、国の立法機関である国会が制定する法律のほかにも、法律の規定を実施するためにより詳細・具体的な規定を行政機関が定める政令や省令があります。また、司法機関である裁判所によって示された判決の内容が一般的な法的拘束力を有するに至った判例もあります。

一方、各地方公共団体においても、議会の議決によって定める条例の

ほか、必ずしも条例で定める必要のない詳細・具体的な規定については、地方公共団体の長や人事委員会・公平委員会といった執行機関が規則として定めています。

図1 地方公務員の人事行政に関わる法令等

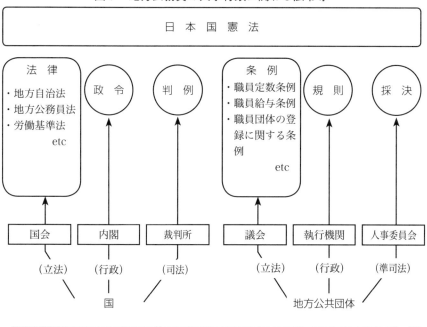

 条文をチェック！

（この法律の目的）
第1条　この法律は、地方公共団体の人事機関並びに地方公務員の任用、人事評価、給与、勤務時間その他の勤務条件、休業、分限及び懲戒、服務、退職管理、研修、福祉及び利益の保護並びに団体等人事行政に関する根本基準を確立することにより、地方公共団体の行政の民主的かつ能率的な運営並びに特定地方独立行政法人の事務及び事業の確実な実施を保障し、もって<u>地方自治の本旨</u>の実現に資することを目的とする。

解説　「地方自治の本旨」とは、日本国憲法において地方自治について定める章に出てくる言葉ですが、「地方自治の理念（あるべき姿）」「地方

自治の核心」を意味するものと考えられます。具体的には、住民自治と団体自治を構成要素とするものと解されています。

（人事委員会及び公平委員会並びに職員に関する条例の制定）
第5条 地方公共団体は、法律に特別の定がある場合を除く外、この法律に定める根本基準に従い、条例で、人事委員会又は公平委員会の設置、職員に適用される基準の実施その他職員に関する事項について必要な規定を定めるものとする。但し、その条例は、この法律の精神に反するものであつてはならない。
2　第7条第1項又は第2項の規定により人事委員会を置く地方公共団体においては、前項の条例を制定し、又は改廃しようとするときは、当該地方公共団体の議会において、人事委員会の意見を聞かなければならない。

解説　本条にいう「職員に関する事項」とは、職員の定数等の組織上の事項に関するものを除いて、職員の人事行政に関する事項全般に及ぶものと解されています。

ザ・コラム

地方公務員法の制定

　戦前の公務員は天皇に従属するものとされていましたが、戦後は、昭和21年に制定された日本国憲法において「公務員は全体の奉仕者であって一部の奉仕者ではない」とうたわれました。また、昭和22年には「地方公共団体における民主的にして能率的な行政の確保を図る」ことを目的とする地方自治法が制定されました。そこで、これらの理念に沿った地方公務員制度の構築が求められることになりました。

　昭和22年に国家公務員法（昭和22年法律第120号）が制定され、翌23年の大幅な改正を経て新しい国家公務員制度が確立されたので、この国家公務員法の内容を参考としつつ、できるだけ地方公共団体の自主性も尊重する形で法案の内容が検討され、最終的に昭和25年12月に地方公務員法が国会で成立したのです。

地方公務員法の構成

ポイント

Local Public Service Act

④ 地方公務員法は、組織法としての性格と、身分法としての性格を併せ有している法律。
⑤ 国家公務員には労働基準法が適用されないが、地方公務員には原則として<u>労働基準法が適用される</u>。
⑥ 国家公務員法の改正に合わせて地方公務員法も改正されることが多い。

④ 地方公務員法という法律の構成

　地方公務員法は、第1条から第65条まで、5つの章から構成される法律です。

　第1章「総則」では、この法律の目的をはじめ、総論的な事項が規定されています。

　第2章「人事機関」では、地方公共団体の人事機関として、任命権者と人事委員会・公平委員会について規定されています。地方公共団体の機関の組織・運営については地方自治法をはじめとする各法律に規定がありますが、特に人事委員会・公平委員会については地方公務員法に詳細な規定が置かれています。

　第3章「職員に適用される基準」では、地方公務員の任用や勤務条件、服務、職員団体など、人事行政に関する様々な規定が置かれています。分量的にも地方公務員法の大半を占める章であり、その中が更に、職員に適用される基準全体に関する原則を規定する第1節「通則」と、職員に適用される基準を各分野ごとに規定する第2節〜第9節に分類されています。

第4章「補則」では法律の特例や適用除外などについて規定されており、第5章「罰則」では地方公務員法に違反した者に対する罰則について規定されています。

このように、地方公務員法は、人事委員会・公平委員会や職員団体などの組織・運営について規定する組織法としての性格と、地方公務員の身分取扱いなどについて規定する身分法としての性格を併せ有している法律であるということができます。

❺　地方公務員法と国家公務員法

地方公務員法は、先行して昭和22年に制定された国家公務員法を参考として作られましたので、その内容も基本的には国家公務員法に準じたものとなっています。

ただし、昭和23年の国家公務員法改正によって、国家公務員には労働基準法の規定が適用されないこととされましたが、その後、地方公務員法案の検討の過程で地方公務員には原則として労働基準法が適用されることとされました。

また、例えば国家公務員法には規定されていない「書面による協定」（☞ Part 32 ）についても地方公務員法で規定されるなど、国家公務員法と地方公務員法とでは法律制定の段階で若干違った規定が設けられました。

❻　地方公務員法の改正

地方公務員法は、地方公務員の勤務条件等に関する基準となるものですから、社会情勢の変化があれば、それに対応して内容を改正する必要も生じてきます。

これまでも、地方公務員法の一部改正は何度も行われてきましたが、国家公務員法が一部改正される際には、多くの場合それに合わせて地方公務員法も改正が行われました。これは、地方公務員の勤務条件は国家公務員の勤務条件との均衡を考慮して定めるものとされている（☞ Part 14 ）ことによるものです。国家公務員と地方公務員は、公務という役割や、

全体の奉仕者という使命等において共通していますので、人事に関する基準についても平仄を合わせることが求められるのです。

　もちろん、国家公務員法と内容を全く同じにしなければならないということではありません。地方公務員・地方公共団体の性格から国家公務員法とは違った内容が求められることもあります。地方公務員法独自の一部改正を行う事例もみられます。

図２　地方公務員法の構成

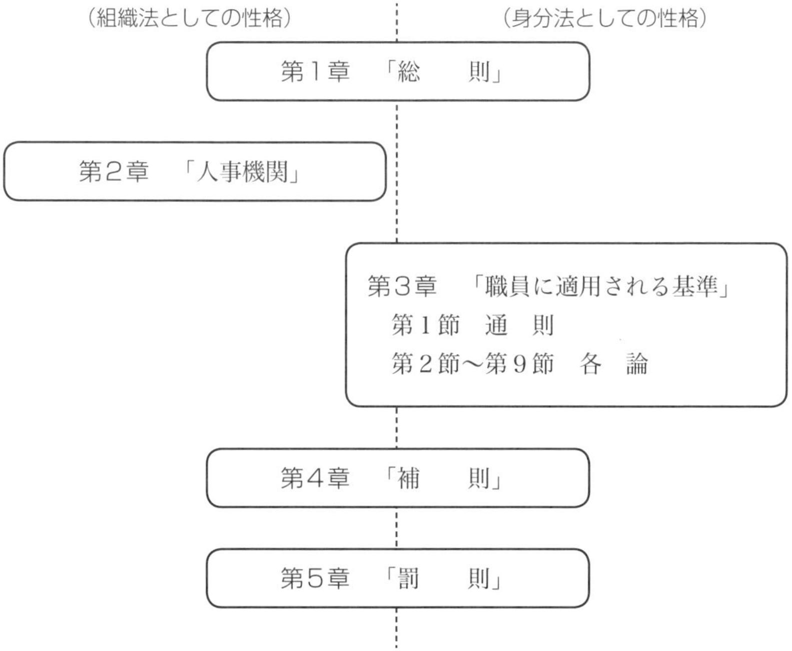

（組織法としての性格）　　　　　　　（身分法としての性格）

第１章　「総　　則」

第２章　「人事機関」

第３章　「職員に適用される基準」
　第１節　通　則
　第２節〜第９節　各　論

第４章　「補　　則」

第５章　「罰　　則」

📖 条文をチェック！

●国家公務員法
（この法律の目的及び効力）
第１条　この法律は、国家公務員たる職員について適用すべき各般の根本

基準（職員の福祉及び利益を保護するための適切な措置を含む。）を確立し、職員がその職務の遂行に当り、最大の能率を発揮し得るように、民主的な方法で、選択され、且つ、指導さるべきことを定め、以て国民に対し、公務の民主的且つ能率的な運営を保障することを目的とする。

②～⑤　（略）

●国家公務員法

附則第16条　労働組合法（昭和24年法律第174号）、労働関係調整法（昭和21年法律第25号）、労働基準法（昭和22年法律第49号）、船員法（昭和22年法律第100号）、最低賃金法（昭和34年法律第137号）、じん肺法（昭和35年法律第30号）、労働安全衛生法（昭和47年法律第57号）及び船員災害防止活動の促進に関する法律（昭和42年法律第61号）並びにこれらの法律に基いて発せられる命令は、第２条の一般職に属する職員には、これを適用しない。

ザ・コラム

国家公務員法

　国家公務員法は、国家公務員の人事に関する根本基準を確立して、国の行政の民主的・能率的な運営を確保することを目的とする法律です。その構成は、地方公務員法と同じような構造になっており、国の人事機関である人事院と内閣総理大臣について規定する「中央人事行政機関」の章と、国家公務員の様々な人事行政に関して適用される基準について規定する「職員に適用される基準」の章が中心になっています。

　また、国家公務員には労働基準法等が適用されませんが、国家公務員の勤務条件を規定するものとして「一般職の職員の給与に関する法律」（昭和25年法律第95号）や「一般職の職員の勤務時間、休暇等に関する法律」（平成６年法律第33号）などの法令が別途定められています。

3 地方公務員とは

ポイント

Local Public Service Act

⑦ 地方公務員とは、地方公共団体のすべての公務員をいう。
⑧ 地方公務員であるか否かの実質的な判断基準として、事務の性質、任命行為の有無、給料・報酬の支払いの3つが挙げられる。
⑨ 特定地方独立行政法人の役員・職員も地方公務員とされている。

❼ 地方公共団体の「すべての公務員」

　地方公務員という言葉は、使われる場面によっていろいろな意味があり得ますが、地方公務員法では「地方公共団体及び特定地方独立行政法人のすべての公務員をいう」と定義されています。

　地方公務員法制定以前は、都道府県や市町村に勤める人は、天皇に従属するものとして公法上の勤務関係に立つ官公吏と、私法上の雇用契約関係に立つ雇傭人に区別されていました。

　それに対して地方公務員法では、地方公共団体の公務員であれば、どのような職種・部門の人であっても、また臨時職員や非常勤職員であっても、地方公務員ということになります。

　なお、地方公共団体とは、普通地方公共団体（都道府県、市町村）と、特別地方公共団体（特別区、地方公共団体の組合など）の両方を含む概念です。

❽　地方公務員の3要素

　地方公共団体のすべての公務員が地方公務員である、といっても、それだけでは具体的にどのような人が地方公務員に該当するのかはっきりしません。そこで、ある人が地方公務員であるか否かの実質的な判断基準として、一般的に3つの要素が挙げられています。

　まず、その人が従事する事務が地方公共団体の事務であるかどうか、ということです。どんなに公益性の高い事務に従事していても、それが地方公共団体の事務でない限り、その人は地方公務員ではありません。

　2つ目は、任命権者により地方公務員としての地位を与える行為が行われたかどうか、ということです。地方公共団体の業務は「職」に分けられ、職に人を充てる行為を任命といいますが（☞ Part 8 ）、その職についての任命権を有する者（地方公共団体の長や行政委員会など）から任命された人が地方公務員になります。

　3つ目は、その人に対して地方公共団体が給料・報酬を支払う責任を負っているかどうか、ということです。給料・報酬は、労務の提供に対する対価として支払われるものであり、それが地方公共団体から支払われていれば、その人は地方公務員であるということができます。

　ただし、実際には、これら3つの要素を必ずしも全て満たしているわけではない地方公務員もいます。地方公務員であるか否か疑義のあるものについては、任命権者が決定することになりますが、行政実例に従って実務上の取扱いがなされています。例えば、地域において住民の相談に応じたり援助を行ったりする民生委員は、都道府県知事や政令指定都市・中核市の市長の推薦によって厚生労働大臣が委嘱することとされている無報酬の職ですが、行政実例に従って地方公務員とされています。一方、選挙の啓発活動などを行う明るい選挙推進協議会の委員は、各地方公共団体の行政委員会である選挙管理委員会が委嘱するものであっても、地方公務員ではないボランティアとされています。

❾　特定地方独立行政法人の役員・職員

　地方独立行政法人は、住民の生活・地域社会・地域経済の安定等の公

共上の見地から、その地域において確実に実施されることが必要な事務・事業のうち、地方公共団体が自ら主体となって直接実施する必要はないものの、民間の主体に委ねた場合には必ずしも実施されないおそれがあるものを、効率的・効果的に行わせるために、地方公共団体が設立する法人です。

　その地方独立行政法人の中でも、その業務の停滞が住民の生活・地域社会・地域経済の安定に直接かつ著しい支障を及ぼすもの、又はその業務運営における中立性・公正性を特に確保する必要があるものについては、定款で定めることにより、特定地方独立行政法人とすることができます。その業務の特殊性から、特定地方独立行政法人の役員及び職員には地方公務員の身分が与えられています。

図3　地方公務員法上の地方公務員

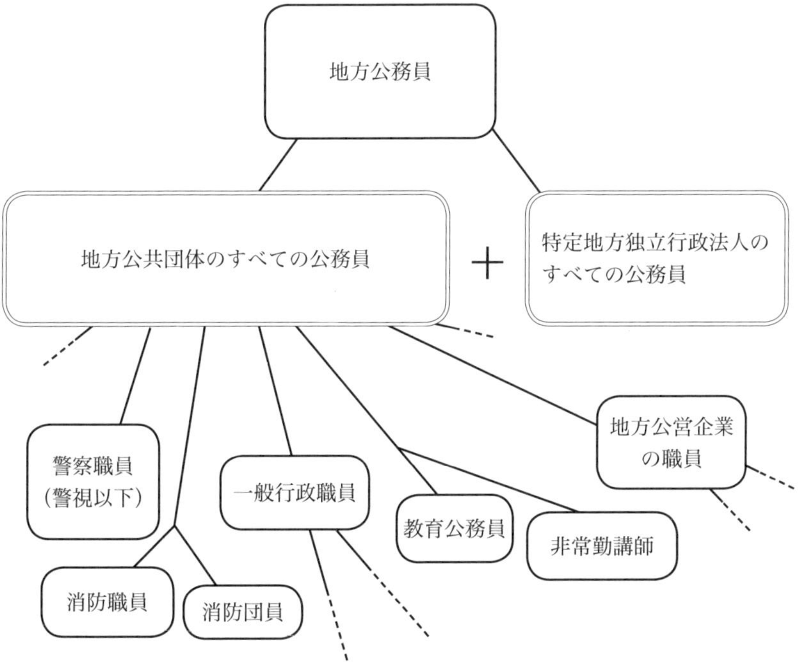

📖 条文をチェック！

（この法律の効力）
第2条 地方公務員（地方公共団体のすべての公務員をいう。）に関する
従前の法令又は条例、地方公共団体の規則若しくは地方公共団体の機関
の定める規程の規定がこの法律の規定に抵触する場合には、この法律の
規定が、優先する。

（一般職に属する地方公務員及び特別職に属する地方公務員）
第3条 地方公務員（地方公共団体及び特定地方独立行政法人（地方独立
行政法人法（平成15年法律第118号）第2条第2項に規定する特定地方
独立行政法人をいう。以下同じ。）のすべての公務員をいう。以下同
じ。）の職は、一般職と特別職とに分ける。
2・3 （略）

ザ・コラム

■ 第2条の「地方公務員」と第3条の「地方公務員」

　地方公務員法第2条では地方公務員を「地方公共団体のすべての公務員
をいう」と定義しているのに対して、第3条では「地方公共団体及び特定
地方独立行政法人のすべての公務員をいう」と定義しています。

　昭和25年の地方公務員法制定以前は、地方公務員に関する統一的な法
律はなく、各種の法令を適用・準用したり、団体ごとに適宜規定を設けた
りしていました。それらの規定が、昭和26年以降に順次施行された地方
公務員法の規定と抵触した場合の取扱いについて特に規定したのが第2条
です。

　したがって、平成15年に特定地方独立行政法人が導入された際、第2
条でいう地方公務員法制定当時の「地方公務員」の定義を変える必要はあ
りませんから、第3条でいう現在の「地方公務員」の定義だけを改正した
のです。

4 一般職と特別職

ポイント

⑩ 特別職に属さない職は全て一般職である。
⑪ 地方公務員法は、<u>一般職の地方公務員にのみ</u>適用される。
⑫ 特別職には、長や議員など<u>住民等の信任によって就任する職</u>、臨時・非常勤の委員などの<u>非専務職</u>、秘書などの<u>自由任用職</u>がある。

⑩ 一般職と特別職

　地方公務員法は、地方公務員の職は一般職と特別職とに分ける、と規定しています。

　「職」とは、一人の職員に割り当てられる、遂行すべき仕事や義務を表す概念です。地方公共団体の業務は全て職に分けられます。地方公務員とは、それらの職のいずれかに充てられた人ということになります。

　地方公務員法では、一般職と特別職の分け方として、特別職に属する職を第3条第3項で限定列挙した上で、特別職に属する職以外の職は全て一般職とすることとしています。したがって、第3条第3項に掲げられている職に該当しない地方公務員は、どのような職種・部門に属していても、また臨時職員や非常勤職員であっても、一般職に属することになります。

　なお、地方公務員法では、一般職に属する地方公務員のことを「職員」と表現しています。

⓫　地方公務員法の適用対象

　地方公務員法は、全ての地方公共団体が従うべき人事に関する根本基準を定めたものですが、地方公共団体の行政の民主的かつ能率的な運営を保障するため、この法律で身分取扱いを定める地方公務員としては、成績主義（☞ Part 7 ）に基づいた、終身雇用の専務職を前提としています。

　そこで、そのような前提に立った身分取扱いにはなじまない性質の職を特別職として限定列挙し、特別職に属する地方公務員には地方公務員法を適用せず、一般職の地方公務員にのみ適用されることとしたのです。

　特別職の地方公務員の身分取扱いについては、個別に法令で定められているもののほか、一般職と共通の法令の規定に従うこととされていたり、地方公務員法の規定を準用することとされているものもあります。

⓬　特別職に属する地方公務員

　特別職に属する職は、その性質から大きく分けて３種類に分類することができます。

　まず、住民やその代表者の信任によって就任する職があります。典型的な例が、住民の選挙によって選ばれる長（知事・市町村長）や議員です。その他、住民の代表である議会の同意を得て就任する副知事や副市町村長、教育委員会等の行政委員会の委員などの例があります。

　２つ目に、非専務職があります。これは、地方公務員を本来の職業としているのではなく、一定の知識や経験に基づいて随時地方公共団体の業務に参画したり、特定の場合にだけ地方公共団体の業務に参画するものです。具体的には、臨時・非常勤の委員や嘱託員、非常勤の消防団員などの例があります。

　３つ目に、任命権者が自由に任用する職があります。これは、任命権者との個人的・政治的関係などによって任用するものです。具体的には、地方公営企業の管理者や企業団の企業長、条例で指定した長や議長の秘書などの例があります。

　実際には、以上３つのうちいずれか１つだけに該当するということで

はなく、複数の性質を併せ有する職もあります。
　なお、第3条第3項各号の記述の中には概括的な表現のものもあり、それに該当するのかどうか個別に疑義があるものについては、任命権者が決定することになります。

図4　一般職と特別職の関係

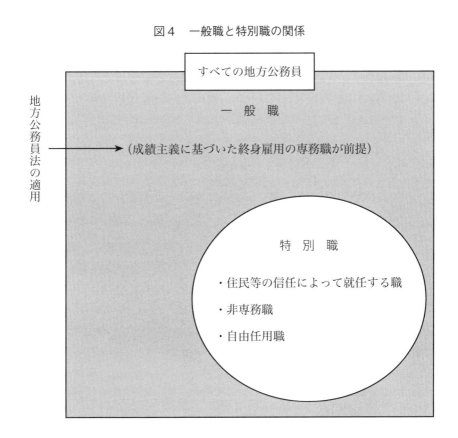

条文をチェック！

（一般職に属する地方公務員及び特別職に属する地方公務員）
第3条　地方公務員（中略）の職は、一般職と特別職とに分ける。
2　一般職は、特別職に属する職以外の一切の職とする。
3　特別職は、次に掲げる職とする。
　(1)　就任について公選又は地方公共団体の議会の選挙、議決若しくは同意によることを必要とする職
　(1の2)　地方公営企業の管理者及び企業団の企業長の職
　(2)　法令又は条例、地方公共団体の規則若しくは地方公共団体の機関の定める規程により設けられた委員及び委員会（審議会その他これに準ずるものを含む。）の構成員の職で臨時又は非常勤のもの
　(2の2)　都道府県労働委員会の委員の職で常勤のもの
　(3)　臨時又は非常勤の顧問、参与、調査員、嘱託員及びこれらの者に準ずる者の職
　(4)　地方公共団体の長、議会の議長その他地方公共団体の機関の長の秘書の職で条例で指定するもの
　(5)　非常勤の消防団員及び水防団員の職
　(6)　特定地方独立行政法人の役員

解説　公立学校に勤務する非常勤講師は、本条第3項第3号に規定する非常勤の嘱託員に該当するものと解されています。

（この法律の適用を受ける地方公務員）
第4条　この法律の規定は、一般職に属するすべての地方公務員（以下「職員」という。）に適用する。
2　この法律の規定は、法律に特別の定がある場合を除く外、特別職に属する地方公務員には適用しない。

解説　特別職と一般職を兼ねている者については、一般職に属する地方公務員たる地位において、地方公務員法の適用を受けるものと解されています。

ザ・コラム

■ 消 防 団 員

　市町村は、消防組織法（昭和22年法律第226号）の規定に基づき、消防事務を処理するため、常備消防機関である消防本部・消防署、非常備消防機関である消防団を設置しています。消防本部・消防署に置かれる消防職員と常勤の消防団員は一般職の地方公務員ですが、非常勤の消防団員は特定の場合にだけ地方公共団体の事務に参画する者であり、特別職の地方公務員とされています。

　消防団員は、通常は各自の職業に就きながら、平時の予防・啓発活動、そして火災・災害発生時の消火・救出活動等に従事するものです。管轄区域内に居住・勤務しているため地域に密着した活動が可能であり、また消防職員に比べて数が非常に多いので要員動員力が大きいのが特徴です。

　非常勤の消防団員の身分取扱いに関しては各市町村が条例で定めることとされていますが、消防組織法の規定により公務災害補償・退職報償金の支給が市町村に義務付けられています。

人事機関

ポイント

⑬ 長や行政委員会などの任命権者は、任命や分限・懲戒など職員の身分取扱いに関する権限を有する。
⑭ 都道府県・政令指定都市等には人事委員会、それ以外の市町村には公平委員会を置く。
⑮ 人事委員会・公平委員会には、<u>行政的権限</u>、<u>準司法的権限</u>、<u>準立法的権限</u>の３つの権限がある。

⑬ 任命権者

　地方公務員法は、地方公共団体の人事機関として「任命権者」と「人事委員会又は公平委員会」の２つを規定しています。
　このうち任命権者とは、任命（☞ Part 8 ）や分限・懲戒（☞ Part 20 ）など、職員の身分取扱いに関する権限を有する者です。代表的な例として、地方公共団体の長（知事や市町村長）が挙げられます。その他、教育委員会や選挙管理委員会などのいわゆる行政委員会等も、それぞれ独自の執行権限を持つ機関であり、任命権者とされています。
　なお、同一の地方公共団体の中で、それぞれの任命権者ごとに職員の身分取扱い等がバラバラになってしまわないよう、長に総合調整権が与えられており、長は必要に応じて委員会等に対して必要な措置を講じるよう勧告することができることとされているほか、委員会等は一定の規則・規程の制定・変更に際して長に事前協議することが義務付けられています。
　また、任命権者に全ての任命権等を行使させることが難しい場合もあ

ることから、任命権者はその権限の一部を補助機関（部下の公務員）に委任することができることとされています。

⓮　人事委員会・公平委員会の設置

　任命権者による職員の任免や懲戒等が適正に行われるようにするため、任命権者から独立した人事機関として、人事委員会又は公平委員会が設置されます。

　人事委員会・公平委員会は、議会の同意を得て長が選任した3人の委員で組織される合議制の機関です。中立性・公正性を確保するため、禁錮以上の刑を受けている者など一定の欠格条項（☞ Part 7 ）に該当する者は委員となることができず、また、委員と一定の地方公務員の職とを兼ねることはできないこととされています。さらに、2人以上の委員が同一の政党に属することとなった場合や、委員に心身の故障又は非行があった場合には、議会の同意を得て委員を罷免することが認められていますが、これらの場合を除いて委員は、その意に反して罷免されることはないものとされ、強い身分保障を受けています。

　都道府県及び政令指定都市は必ず人事委員会を設置しなければなりません。政令指定都市以外で人口15万人以上の市及び特別区は、人事委員会又は公平委員会のいずれかを設置することとされています。なお、実際には、23の特別区は一部事務組合方式により連合して人事委員会を設置しています。

　人口15万人未満の市、町村及び地方公共団体の組合は公平委員会を設置しなければなりません。ただし、複数の地方公共団体が共同で公平委員会を設置することや、公平委員会の事務を他の地方公共団体の人事委員会に委託することも認められています。

⓯　人事委員会・公平委員会の権限

　人事委員会・公平委員会の有する権限として、行政的権限、準司法的権限、準立法的権限の3つが挙げられます。ただし、人事委員会を設置することとされている地方公共団体の方が比較的大規模であり人事行政

も複雑であると考えられることから、公平委員会よりも人事委員会の方がより広範な権限を与えられています。

まず、行政的権限として、人事委員会・公平委員会ともに、職員団体の登録（☞ Part 31）等の事務を行います。それに加えて、人事委員会には、人事行政に関して調査研究したり、必要な勧告等を行う権限が与えられています。また人事委員会には、職員の競争試験・選考（☞ Part 9）に関する事務を行う権限も与えられていますが、条例で定めれば公平委員会も行うことができます。

次に、準司法的権限として、人事委員会・公平委員会ともに、職員の勤務条件に関する措置要求や不利益処分に関する審査請求について、審査等をする権限が与えられています（☞ Part 29）。

そして、準立法的権限として、自らの権限に属する事項について規則を制定する権限が与えられています。

図5　人事委員会・公平委員会の権限

人事委員会 （都道府県、政令指定都市）	公平委員会 （市町村、地方公共団体の組合）

行政的権限	人事行政に関する調査・研究、任命権者への勧告等
	職員の競争試験・選考／（条例で定めれば可）
	職員団体の登録
準司法的権限	職員の苦情の処理
	勤務条件に関する措置要求に対する審査・判定・勧告
	不利益処分に関する審査請求に対する審査・採決
準立法的権限	規則制定権

条文をチェック！

（任命権者）
第6条 地方公共団体の長、議会の議長、選挙管理委員会、代表監査委員、教育委員会、人事委員会及び公平委員会並びに警視総監、道府県警察本部長、市町村の消防長（中略）その他法令又は条例に基づく任命権者は、法律に特別の定めがある場合を除くほか、この法律並びにこれに基づく条例、地方公共団体の規則及び地方公共団体の機関の定める規程に従い、それぞれ職員の任命、人事評価（任用、給与、分限その他の人事管理の基礎とするために、職員がその職務を遂行するに当たり発揮した能力及び挙げた業績を把握した上で行われる勤務成績の評価をいう。以下同じ。）、休職、免職及び懲戒等を行う権限を有するものとする。
2　前項の任命権者は、同項に規定する権限の一部をその補助機関たる上級の地方公務員に委任することができる。

第2項により権限の委任を受けたものは、その権限を復委任すること（さらに他者へ委任すること）はできないと解されています。

（人事委員会又は公平委員会の設置）
第7条　都道府県及び地方自治法（昭和22年法律第67号）第252条の19第1項の指定都市は、条例で人事委員会を置くものとする。
2　前項の指定都市以外の市で人口（中略）15万以上のもの及び特別区は、条例で人事委員会又は公平委員会を置くものとする。
3　人口15万未満の市、町、村及び地方公共団体の組合は、条例で公平委員会を置くものとする。
4　公平委員会を置く地方公共団体は、議会の議決を経て定める規約により、公平委員会を置く他の地方公共団体と共同して公平委員会を置き、又は他の地方公共団体の人事委員会に委託して次条第2項に規定する公平委員会の事務を処理させることができる。

（人事委員会又は公平委員会の委員）
第9条の2　人事委員会又は公平委員会は、3人の委員をもって組織する。
2　委員は、人格が高潔で、地方自治の本旨及び民主的で能率的な事務の

処理に理解があり、且つ、人事行政に関し識見を有する者のうちから、議会の同意を得て、地方公共団体の長が選任する。

3　第16条第2号、第3号若しくは第5号の一に該当する者又は第60条から第63条までに規定する罪を犯し刑に処せられた者は、委員となることができない。

4　委員の選任については、そのうちの2人が、同一の政党に属する者となることとなつてはならない。

5　委員のうち2人以上が同一の政党に属することとなつた場合においては、これらの者のうち1人を除く他の者は、地方公共団体の長が議会の同意を得て罷免するものとする。但し、政党所属関係について異動のなかつた者を罷免することはできない。

6　地方公共団体の長は、委員が心身の故障のため職務の遂行に堪えないと認めるとき、又は委員に職務上の義務違反その他委員たるに適しない非行があると認めるときは、議会の同意を得て、これを罷免することができる。この場合においては、議会の常任委員会又は特別委員会において公聴会を開かなければならない。

7　委員は、前2項の規定による場合を除く外、その意に反して罷免されることがない。

8〜12　（略）

ザ・コラム

人事委員会・公平委員会の運営

　人事委員会・公平委員会は、原則として3人の委員全員が出席しなければ会議を開くことができません。議事は、2人以上の委員が賛成することにより決定されます。

　人事委員会には事務局を設置することとされており、事務局長をはじめとする事務職員が置かれます。公平委員会には事務職員を置くこととされています（競争試験等を行う公平委員会は事務局を設置することができます。）。これらの事務職員は人事委員会・公平委員会が任免することとなります。

Part 6

6 職員に適用される基準の通則 ㉙

職員に適用される基準の通則

ポイント

Local Public Service Act

⑯ 日本国民は、地方公務員法の適用について、合理的な理由なく差別されてはならない。

⑰ 日本国籍を有しない者は、公権力の行使又は公の意思の形成への参画に携わる公務員となることができない。

⑱ 地方公共団体は、職員の勤務条件が社会一般の情勢に適応するように措置を講じる必要がある。

⑯ 平等取扱の原則

地方公務員法第3章「職員に適用される基準」（第13条～第56条）は、この法律の大半を占める部分であり、地方公共団体の人事行政に関する根本基準を定めている地方公務員法の主要部分であるということができます。そして、第3章の通則として、「平等取扱の原則」と「情勢適応の原則」が定められています。

まず、平等取扱の原則とは、地方公務員法の適用について、全ての国民を平等に取り扱わなければならない、という原則です。日本国憲法第14条第1項において、全ての国民が法律上平等に取り扱われなければならないと定められていることを受けて、地方公務員法の適用についてもその原則が当てはまることを明らかにしたものです。ここでいう平等な取扱いとは、合理的な理由がないのに差別することを禁止するという趣旨です。したがって、例えば女性だけに出産休暇を与えるなど、合理的な理由が認められる場合に差別的取扱いをすることを禁じるものではありません。

なお、地方公務員法第13条の条文では、日本国憲法第14条の条文にはない「政治的意見若しくは政治的所属関係」による差別を禁止していますが、これは公務員という性格上、長や議員、政党との関係において公務の中立性を保障する必要性が高いことから、特に注意を喚起するために明示しているものです。

⑰　外国人の任用

　平等取扱の原則は、地方公務員法第13条に「すべて国民は……」と規定されているとおり、日本国民には全て適用される一方、外国人については当然に適用されるものではありません。

　外国人の公務員への任用については、公権力の行使又は公の意思の形成への参画に携わる公務員となるためには日本国籍を必要とするが、それ以外の公務員となるためには必ずしも日本国籍を必要としないこととされてきました。この基本原則は、公務員に関する当然の法理と呼ばれています。

　この法理は当初は国家公務員について確立されたものですが、地方公務員についても同様に適用があるものとされています。ただし、国と地方公共団体とでは仕事の中身も異なりますし、地方公共団体の組織も様々ですので、具体的にどの職種が公権力の行使等に携わることになるのかについては、それぞれの地方公共団体において適切に判断されるべきものとされています。

　最高裁判所は、地方公共団体が日本国籍を有しない永住外国人に対して「地方公務員のうち、住民の権利義務を直接形成し、その範囲を確定するなどの公権力の行使に当たる行為を行い、若しくは普通地方公共団体の重要な施策に関する決定を行い、又はこれらに参画することを職務とするもの」に昇任し得る管理職昇任試験の受験資格を認めない措置を執ったことは、合理的な理由に基づく区別であり、憲法14条等に違反するものではない、と判示しています（最判平成17.1.26）。

⓲ 情勢適応の原則

職員に適用される基準の通則のもう一つは、情勢適応の原則です。

これは、地方公務員法に基づいて定められた勤務条件について、社会一般の情勢に適応するように随時、適当な措置を講じなければならないという原則です。

地方公務員は、労働基本権が一部制約されています（☞ Part 30）ので、民間企業等に比べて勤務条件の改善がおろそかになるおそれもあります。そこで、各地方公共団体が自ら適正な水準の維持を図らなければならない旨を法律上明記したものです。

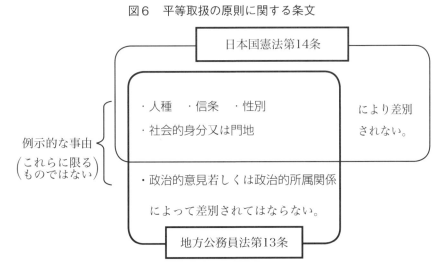

図6　平等取扱の原則に関する条文

📖 条文をチェック！

（平等取扱の原則）
第13条　すべて国民は、この法律の適用について、平等に取り扱われなければならず、人種、信条、性別、社会的身分若しくは門地によつて、又は第16条第5号に規定する場合を除く外、政治的意見若しくは政治的所属関係によつて差別されてはならない。

> ● 日本国憲法
> 第14条 すべて国民は、法の下に平等であつて、人種、信条、性別、社会的身分又は門地により、政治的、経済的又は社会的関係において、差別されない。
> ②・③ （略）

 地方公務員法第13条及び日本国憲法第14条は、国民に対して法の下の平等を保障したものであり、各法条に列挙された事由は例示的なものであって、必ずしもそれに限るものではないと解されています。

> （情勢適応の原則）
> 第14条 地方公共団体は、この法律に基いて定められた給与、勤務時間その他の勤務条件が社会一般の情勢に適応するように、随時、適当な措置を講じなければならない。
> 2 （略）

ザ・コラム

日本国籍を必要とする職種、必要としない職種

「公権力の行使又は公の意思の形成への参画」に携わる地方公務員であるかどうかについては、一律にその範囲を画定することは困難であり、それぞれの団体において職務内容を検討の上、具体的に判断されるべきものとされています。

ただ、一般的には、例えば一般事務職については、通常の場合、公権力の行使又は公の意思の形成への参画に携わる職に就くことが将来予想される職種であるため、採用試験において国籍要件を外すことは適当でないとされています。

一方、保健師・助産師・看護師等の専門的・技術的な職種や、専ら技術的・機械的労務を提供する職種、専門職としての国際職・情報職、臨床検査技師等医療技術職、栄養士、保育士などについては、一般的にその職種としての本来的業務を行う限り、必ずしも日本国籍を有することを必要としないことが多いと考えられます。

任用の根本基準

ポイント

Local Public Service Act

⑲ 任用とは、地方公務員という身分を与えるだけでなく、いずれかの職に充てる行為である。
⑳ 職員の任用は、成績主義（メリット・システム）に基づいて行われる。
㉑ 成年被後見人や一定の受刑者など、欠格条項に該当する者は、職員となることができない。

⑲ 任用とは

　地方公務員法第3章第2節は、任用について規定しています。

　現行の地方公務員法ができる以前の考え方は、官公吏（公務員）という身分に任官（任用）された者の中から、特定の人を特定の職に補職（任命）する、というものでした。このような考え方に立てば、例えば休職している公務員は、公務員という身分は保持しているが職は有していない状態である、と解することができます。

　それに対して、地方公務員法では「地方公務員は必ずいずれかの職に就いている」という建前を取っていますので、地方公務員に任用するということは、すなわち、いずれかの職に充てるということになります。

　したがって、地方公務員法では「任用」（第15条など）と「任命」（第17条など）という2通りの文言を使っていますが、この2つの文言は実質的には同じことを言っているということになります。

　現在では実務上も、地方公務員は休職している間も職を有するものとして取り扱われています。

⑳ 成績主義（メリット・システム）

　職員の任用は、受験成績や人事評価といった能力の実証に基づいて行わなければならない、というのが大原則です。これを、成績主義（メリット・システム）といいます。

　これは、地方公共団体の行政の中立性・専門性を確保するために、成績という客観的な指標に基づいて任用しようとするものです。終身雇用の専務職を前提とした一般職の地方公務員の任用は、成績主義によらなければなりません。

　一方、成績主義と対立する考え方として、猟官制（スポイルズ・システム）があります。これは、本人の任命権者との個人的関係や、政治的な立場などに基づいて任用しようとするものです。特別職の地方公務員の任用には見られますが、一般職の地方公務員の任用に当たっては取り入れることのできない考え方です。

㉑ 欠格条項

　地方公共団体は、人材を広く世間一般に求め、職員とすることができます。しかし、住民の信頼に基礎を置く現在の地方公務員制度において、公務を担当するために最低限有するべき適格性を欠く者については、職員となったり競争試験・選考を受けたりすることができないこととされています。この最低限有するべき適格性を欠く要件についての規定を、欠格条項と呼んでいます。

　具体的には、地方公務員法第16条に5つの要件が列挙されています。

　第1号に規定されている成年被後見人・被保佐人は、判断能力が欠如しているため自分の財産の処分等をする能力がないとされている者であり、公務についても適正な判断をすることができないと考えられるため欠格条項に挙げられています。

　第2号から第4号までに規定されている一定の刑罰や処分を受けた者は、公務に対する住民の信頼を損なわせるおそれがあることから欠格条項に挙げられています。

　第5号に規定されている憲法・政府を暴力で破壊しようとする者は、

7　任用の根本基準　㉟

日本の公務員制度自体の基礎を否定する者であり、職員とすることはできません。

　欠格条項に該当する者を誤って任用したことが判明した場合、欠格者の採用は当然無効ですが、その者の行った行為は、相手方の信頼を保護する必要性などから原則として有効とされるものと解されています。また、この間の給料は、労務の提供があるので返還の必要はないものとされています。

　現に職員である者が欠格条項に該当することとなった場合は、何らの行政処分を必要とせず当該職員は当然に職を失うこととなります。

図7　成績主義と欠格条項

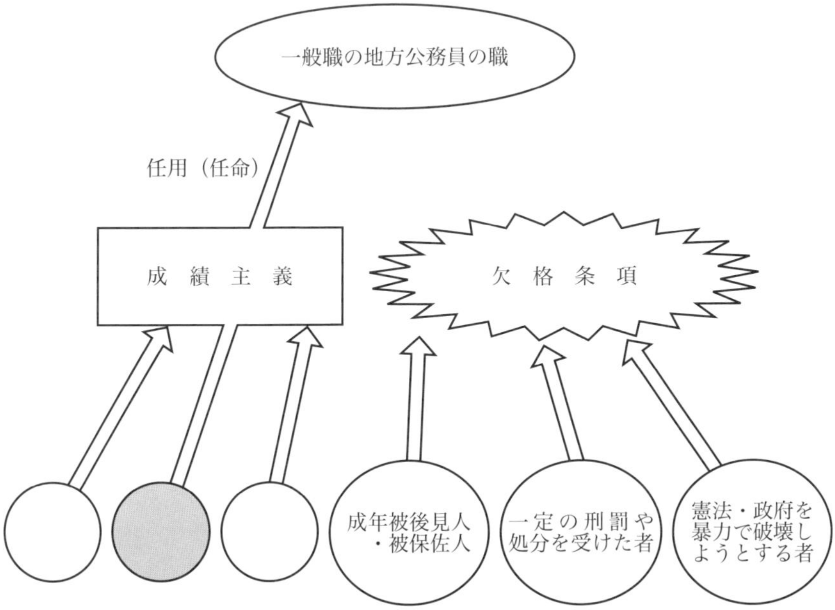

📖 条文をチェック!

（任用の根本基準）

第15条 職員の任用は、この法律の定めるところにより、受験成績、人事評価その他の能力の実証に基づいて行わなければならない。

（欠格条項）

第16条 次の各号のいずれかに該当する者は、条例で定める場合を除くほか、職員となり、又は競争試験若しくは選考を受けることができない。

(1) 成年被後見人又は被保佐人

(2) <u>禁錮以上の刑</u>に処せられ、その執行を終わるまで又は<u>その執行を受けることがなくなるまでの者</u>

(3) 当該地方公共団体において懲戒免職の処分を受け、当該処分の日から2年を経過しない者

(4) 人事委員会又は公平委員会の委員の職にあつて、第60条から第63条までに規定する罪を犯し刑に処せられた者

(5) 日本国憲法施行の日以後において、日本国憲法又はその下に成立した政府を暴力で破壊することを主張する政党その他の団体を結成し、又はこれに加入した者

解説 「禁錮以上の刑」とは死刑、懲役、禁錮であり、「その執行を受けることがなくなるまでの者」とは執行猶予中の者などのことです。

（降任、免職、休職等）

第28条 （略）

2・3 （略）

4 職員は、第16条各号（第3号を除く。）の一に該当するに至つたときは、条例に特別の定がある場合を除く外、その職を失う。

ザ・コラム

■ 職 階 制

　職階制とは、職員の職を一定の基準に従って分類整理し、個々の職務内容と責任を明確にする制度です。

　地方公務員法には、昭和25年の制定以来、人事委員会を置く地方公共団体は職階制を採用することとする規定がおかれていました。しかし、日本の雇用慣行と相容れないこと等から、職階制に関する規定が実際に実施されることはなく、人事評価に関する規定を整備した平成28年施行の法改正において削除されました。

　ただ、そもそも地方公務員法は、全ての職員をいずれかの職に充てるという考え方を前提として作られており、職階制と適合的な内容になっています。現実的には、給料表の級（☞ Part 16 ）が職階制と同様の趣旨に立って職を分類しており、職階制の精神を取り入れてきたと言えます。

任命の方法

ポイント

Local Public Service Act

㉒ 職員を任命する方法は、採用・昇任・降任・転任の4つがある。
㉓ 採用の法的性質は、相手方の同意を要する行政行為と解される。
㉔ 人事委員会は、任命の方法の一般的基準を定めることができる。

㉒ 任命の方法

　地方公務員法では、地方公共団体の業務は全て、一人の職員に割り当てられる職務と責任である「職」に分けられるという建前を採っていますが、その「職」に新たに人を充てる行為が任命です。

　いかなる職を置くかについては地方公共団体ごとに規則等で定めることになりますが、職員の任命は、職員の職に欠員を生じた場合にすることができるものとされています。

　地方公共団体は、職員の定数を条例で定めることとされていますので、職員の任命も定数の範囲内で行うことになります。ただし、臨時・非常勤職員などについては定数外となります。また行政実例として、条例で定めた職員定数を超えて任命が行われた場合でも、当然に無効となるのではなく、取り消し得べき行為に該当するものとされています。

　地方公務員法は、職員を任命する方法として、採用・昇任・降任・転任の4つを規定しています。

　採用とは、現に職員でない者を職員の職に任命することです。

　昇任とは、職員を現に任命されている職より上位の職に任命すること

です。

　降任とは、昇任の場合の逆であり、より下位の職に任命することです。職員に不利益な身分上の変動を与えるものであり、分限処分の一つとされている（☞ **Part 21**）ため、職員を降任することができるのは地方公務員法で定める事由がある場合に限られます。

　転任とは、職員を昇任及び降任以外の方法で他の職員の職に任命することです。

　能力本位の任用を行うため、任命権者はあらかじめ標準職務遂行能力を定めておく必要があります。標準職務遂行能力とは、課長級・係員級などの職制上の段階に応じて、標準的な職の職務を遂行する上で発揮することが求められる能力です。任命権者は、受験成績、人事評価その他の能力の実証に基づき、任命しようとする職に関する標準職務遂行能力と適性を有するかどうかを判断して任命することになります。

　なお、これら任命の効力は、任命権者の任命の意思表示が相手方の了知し得べき状態に置かれた時に発生すると解されています。例えば、任命に当たって辞令書が交付される場合には、その辞令書が相手方に到達した時に、その任命の効力が発生するということになります。

㉓　採用の法的性質

　民間企業においては、労働者は使用者と労働契約を結ぶことによって雇用・被雇用の関係に入ります。

　公務員の採用の法的性質についても、契約の一種であると解する説があります。もっとも、民間企業と同様に労使間で契約の内容を自由に決められるものではなく、全体の奉仕者としての公務員の性格から、一定の制約に服することになります。

　その一方、公務員の採用の法的性質は、行政庁が法律に基づいて一方的な判断により国民の法的地位を決定する行政行為の一種であると解する説があります。ただし、職員になることを望まない人を行政庁が一方的な判断で採用できると解するのは不合理であることから、相手方の同意を要する行政行為と解するのが一般的な見解となっています。

㉔ 任命の方法の基準

　人事委員会を置く地方公共団体においては、人事委員会が任命の方法の一般的基準を定めることができるものとされています。なお、条例で定めるところにより競争試験を行うこととした公平委員会（☞ Part 5 ）も任命の方法の一般的基準を定めることができます。

　ただし、個々の職員をどの職に任命するかは任命権者の専管事項であり、それを規制するような定めをすることはできません。

　一方、人事委員会を置かない地方公共団体においては、専ら長が総合調整権（☞ Part 5 ）を行使して職員の採用や昇任の基準に関する調整が行われることになります。

図8　任命の4つの方法

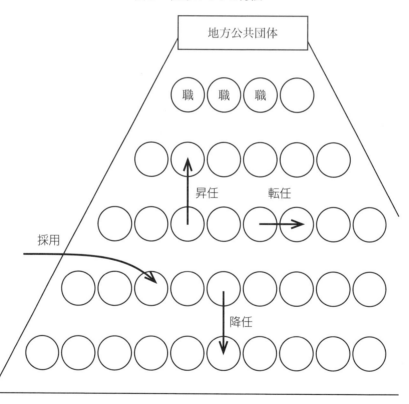

📖 条文をチェック！

(定義)
第15条の2　この法律において、次の各号に掲げる用語の意義は、当該各号に定めるところによる。
(1) 採用　職員以外の者を職員の職に任命すること(臨時的任用を除く。)をいう。
(2) 昇任　職員をその職員が現に任命されている職より上位の職制上の段階に属する職員の職に任命することをいう。
(3) 降任　職員をその職員が現に任命されている職より下位の職制上の段階に属する職員の職に任命することをいう。
(4) 転任　職員をその職員が現に任命されている職以外の職員の職に任命することであつて前2号に定めるものに該当しないものをいう。
(5) 標準職務遂行能力　職制上の段階の標準的な職(職員の職に限る。以下同じ。)の職務を遂行する上で発揮することが求められる能力として任命権者が定めるものをいう。
2　前項第5号の標準的な職は、職制上の段階及び職務の種類に応じ、任命権者が定める。
3　(略)

国家公務員の任命においては、昇任・降任以外の方法で、職員を現に任命されている官職と任命権者を同じくする他の官職に任命することを配置換、任命権者を異にする他の官職に任命することを転任と呼んでいますが、この両者とも地方公務員法上は転任に含まれます。

(任命の方法)
第17条　職員の職に欠員を生じた場合においては、任命権者は、採用、昇任、降任又は転任のいずれかの方法により、職員を任命することができる。
2　人事委員会(競争試験等を行う公平委員会を含む。以下この節において同じ。)を置く地方公共団体においては、人事委員会は、前項の任命の方法のうちのいずれによるべきかについての一般的基準を定めることができる。

●地方自治法

第172条 前11条に定める者を除くほか、普通地方公共団体に職員を置く。

② 前項の職員は、普通地方公共団体の長がこれを任免する。

③ 第1項の職員の定数は、条例でこれを定める。ただし、臨時又は非常勤の職については、この限りでない。

④ 第1項の職員に関する任用、人事評価、給与、勤務時間その他の勤務条件、分限及び懲戒、服務、退職管理、研修、福祉及び利益の保護その他身分取扱いに関しては、この法律に定めるものを除くほか、地方公務員法の定めるところによる。

ザ・コラム

採用内定に関する最高裁判例

正式な採用に先立って、採用内定の通知が出されることがあります。

民間企業においては、労働者と使用者が労働契約を結ぶことによって雇用・被雇用の関係に入ります。そして、採用内定通知によって始期付・解約権留保付の労働契約が成立すると解されるので、採用内定当時知り得ず客観的に合理的と認められ社会通念上相当として是認できるような事由がなければ内定を取り消すことはできない、とするのが判例です（最判昭54.7.20）。

一方、公務員の採用内定通知に関しては、採用が辞令交付により発令されるものとされている以上、採用内定通知は単に採用発令の手続を支障なく行うための準備手続としてされる事実上の行為にすぎず、任命権者が内定者を職員として採用すべき法律上の義務を負うものではないため、採用内定を取り消しても内定者の法律上の地位ないし権利関係に影響を及ぼすものではなく、取消訴訟の対象になるものでもないと判示されています（最判昭57.5.27）。

9 競争試験と選考 43

競争試験と選考

ポイント

Local Public Service Act

㉕ 人事委員会を置く地方公共団体における採用は、<u>人事委員会が行う競争試験</u>によるのが原則。
㉖ 人事委員会を置かない地方公共団体における採用は、<u>任命権者が行う競争試験又は選考</u>による。
㉗ 採用されてから6か月間の条件付採用の期間を経て、正式採用となる。

㉕ 人事委員会を置く地方公共団体における採用

　職員の任用は、成績主義に基づいて行わなければなりませんが（☞ Part 7 ）、能力を実証する方法として、地方公務員法では、人事委員会を置く地方公共団体と人事委員会を置かない地方公共団体とで異なる取扱いを定めています。

　まず、人事委員会を置く地方公共団体における採用は、人事委員会が行う競争試験によることが原則とされています。なお、条例で定めるところにより競争試験を行うこととした公平委員会を置く地方公共団体も同様です。

　競争試験は、広く優秀な人材を確保するために能力の実証に基づいて適任者を選抜する制度ですので、それに対する応募は全ての国民に対して平等の条件で公開されなければならないこととされています。また、人事委員会は受験資格を定めることとされていますが、それは職務遂行上必要な最小かつ適当な限度において、客観的かつ画一的なものでなければなりません。

　競争試験は、任用しようとする職に関する標準職務遂行能力

（☞ Part 8 ）及び適性を有するかどうかを正確に判定することを目的として、筆記試験その他人事委員会が定める方法によって行われます。

㉖ 人事委員会を置かない地方公共団体における採用

　一方、人事委員会を置かない地方公共団体における採用は、任命権者が行う競争試験又は選考のいずれかの方法によることとされています。なお、人事委員会を置く地方公共団体においても、人事委員会規則で定める場合には、選考による採用を行うことができます。

　また、あらかじめ人事委員会規則等で定めた場合には、昇任についても競争試験又は選考により行うことになります。

　競争試験が不特定多数の者を競争の成績により順位付けして任用すべき者を選抜する方法であるのに対して、選考は、特定の候補者について、その者を任用しようとしている職に関する標準職務遂行能力及び適性を有するかどうかを実証する方法です。競争試験は相当程度の人数の応募者に対して専門的・画一的に実施することを前提とした制度ですが、人事委員会を置かない地方公共団体は一般的に応募者数が少ないことも想定されますので、競争試験によらず選考によることが認められているのです。

　なお、競争試験・選考の実施に当たっては、他の地方公共団体の機関との共同実施や委託などの方法をとることができます。

㉗ 条件付採用

　以上のように、職員の採用は、成績主義に基づいて、競争試験又は選考によって行われます。しかし、短期間のうちに行われる競争試験や選考だけでは、公務員としての適格性に欠ける部分を把握しきれない可能性も否定できません。

　そこで、職員の採用は、原則として全て条件付のものとされ、6か月間その職務を良好な成績で遂行したときに正式採用になるものと定められています。したがって、この期間中に職務遂行能力が十分に実証されないことが明らかとなった場合には、その職員の任用を解除できることになります。

このため、条件付採用期間中の職員には、職員の身分保障としての意義を有する分限（☞ Part 20）の規定や、不利益処分に関する審査請求（☞ Part 29）などの規定が適用されないこととされています。

条件付採用制度が職員を正式採用するか否かを決する最終段階での選択方法としてとられていることに鑑みれば、職員の適格性の有無の判断について、正式採用職員の場合と比べて任命権者により広い裁量権が与えられているものと考えられます。ただし、それは純然たる自由裁量ではなく、分限事由にはそれ自体自ら制限があり、客観的に合理的な理由が存し、社会通念上相当とされるものであることを要すると解されています（最判昭53.6.23）。

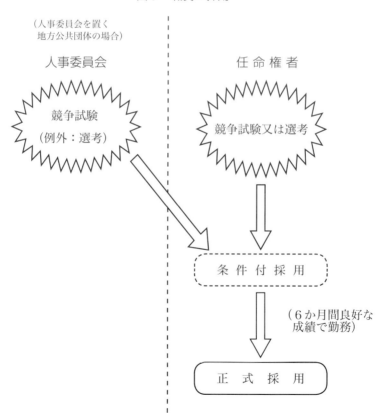

図9　職員の採用

📖 条文をチェック!

（採用の方法）

第17条の2　人事委員会を置く地方公共団体においては、職員の採用は、競争試験によるものとする。ただし、人事委員会規則（中略）で定める場合には、選考（競争試験以外の能力の実証に基づく試験をいう。以下同じ。）によることを妨げない。

2　人事委員会を置かない地方公共団体においては、職員の採用は、競争試験又は選考によるものとする。

3　（略）

（試験機関）

第18条　採用のための競争試験（以下「採用試験」という。）又は選考は、人事委員会等が行うものとする。ただし、人事委員会等は、他の地方公共団体の機関との協定によりこれと共同して、又は国若しくは他の地方公共団体の機関との協定によりこれらの機関に委託して、採用試験又は選考を行うことができる。

（採用試験の公開平等）

第18条の2　採用試験は、人事委員会等の定める受験の資格を有する全ての国民に対して平等の条件で公開されなければならない。

（受験の資格要件）

第19条　人事委員会等は、受験者に必要な資格として職務の遂行上必要であつて最少かつ適当な限度の客観的かつ画一的な要件を定めるものとする。

（採用試験の目的及び方法）

第20条　採用試験は、受験者が、当該採用試験に係る職の属する職制上の段階の標準的な職に係る標準職務遂行能力及び当該採用試験に係る職についての適性を有するかどうかを正確に判定することをもつてその目的とする。

9　競争試験と選考　47

2　採用試験は、筆記試験その他の人事委員会等が定める方法により行う
ものとする。

（選考による採用）
第21条の2　選考は、当該選考に係る職の属する職制上の段階の標準的
な職に係る標準職務遂行能力及び当該選考に係る職についての適性を有
するかどうかを正確に判定することをもつてその目的とする。
2・3　（略）

（条件付採用及び臨時的任用）
第22条　臨時的任用又は非常勤職員の任用の場合を除き、職員の採用
は、全て条件付のものとし、その職員がその職において6月を勤務し、
その間その職務を良好な成績で遂行したときに正式採用になるものとす
る。この場合において、人事委員会等は、条件付採用の期間を1年に至
るまで延長することができる。
2〜7　（略）

ザ・コラム

競争試験による任用

　人事委員会は、筆記試験等、競争試験の方法を適切に決定して実施しま
す。

　そして人事委員会は、競争試験で合格点以上を得た者の氏名及び得点を
採用候補者名簿（又は昇任候補者名簿）に記載し、任命権者がその中から
適当な者を任用することとされています。

　競争試験に合格したということは、任用候補者たる資格を取得したとい
うことであり、合格通知によって任用行為がなされるものではなく、任用
する旨の明確な意思表示が任命権者によってなされ、その到達をもって初
めて効力を生じるのです。

Part 10

臨時的任用・非常勤職員

ポイント

Local Public Service Act

㉘ 緊急の場合等、法定された場合に限り、<u>6か月を超えない期間（最長1年以内）臨時的任用</u>を行うことができる。

㉙ 地方公務員法第17条（任命に関する規定）を根拠として、一般職の非常勤職員の存在が認められている。

㉚ 特別職として、<u>特定の学識・経験を要する職務</u>に就く非常勤職員が認められている。

㉘ 臨時的任用

　地方公共団体において公務を運営する職員は、任期の定めのない常勤職員が基本となりますが、実際には、業務の性質や作業量などに応じて、臨時的任用や非常勤職員という形態が存在します。

　臨時・非常勤職員は、各地方公共団体において様々な呼称で呼ばれているようですが、その根拠規定は地方公務員法の3つの条文のいずれかであると考えられます。

　まず、地方公務員法第22条に規定されている「臨時的任用」があります。これは、①緊急の場合、②臨時の職に関する場合、③（人事委員会・競争試験等を行う公平委員会を置く地方公共団体においては）採用候補者名簿（又は昇任候補者名簿）がない場合、の3つの場合に限って認められている任用形態です。

　緊急の場合とは、正式任用の方法によって職員を任命するまでの間、職を欠員のままにしておくことができない場合を言います。また、臨時の職とは、職自体が恒久ではなく臨時であるものをいい、おおむね1年

以内の存続期間を有するものに限られることとされています。

　これら臨時的任用の任期については、6か月を超えない期間とされています。ただし、6か月を超えない期間で1回に限り更新することが認められています。

　臨時的任用は、緊急の必要性などから例外的に認められたものですので、臨時的任用をされたことが、正式任用に際して、いかなる優先権をも与えるものではないとされています。また、その身分取扱いについては原則として地方公務員法の規定が適用されますが、条件付採用期間中の職員（☞ Part 9 ）と同様に、身分保障に関する規定などが適用除外となります。

㉙　一般職の非常勤職員

　地方公務員法では、一般職の非常勤職員について具体的に定めた規定はありませんが、第22条第1項など、非常勤職員の存在を前提とした規定が幾つかあります。この非常勤職員の根拠規定は、地方公務員法第17条と解されています。第17条は職員の職に欠員を生じた場合の任命の方法の一つとして採用を規定していますが、非常勤職員もこの規定によって任命される一般職の職員と解されているのです。

　したがって、採用の方法は競争試験又は選考によるものであり、実際には面接等によって採用されています。また、身分保障に関する規定などについても適用があります。

　任期については、法律上明文の規定はありません。ただし、臨時的任用が最長1年以内とされており、非常勤職員も臨時的・補助的業務に従事するものであって、基本的に毎年度の予算で職の設置について査定されること等に鑑みると、原則1年以内と考えるべきでしょう。

　成績主義や平等主義の原則の下で、客観的な能力の実証を経て再度任用されることはあり得ますが、任期が当然に更新されるといった運用は慎む必要があります。

㉚ 特別職の非常勤職員

地方公務員法第3条では、特別職の一つとして、「臨時又は非常勤の顧問、参与、調査員、嘱託員及びこれらの者に準ずる者の職」を規定しています。これらの職は、自らの学識・経験に基づき非専務的に公務に参画するという、労働者性の低い勤務態様が想定されることから、地方公務員法の適用が除外されているものです（☞ Part 4 ）。

任期については、法律上明文の規定はありませんが、一般職の非常勤職員と同様の理由により、原則1年以内であると考えられます。

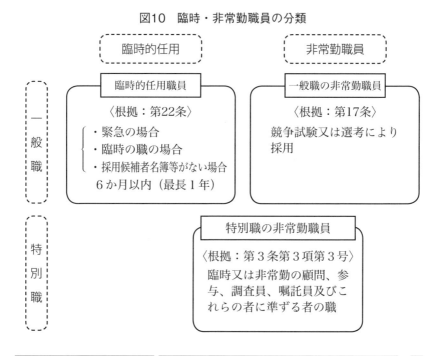

図10　臨時・非常勤職員の分類

条文をチェック！

（条件付採用及び臨時的任用）
第22条　（略）
2　人事委員会を置く地方公共団体においては、任命権者は、人事委員会

規則で定めるところにより、緊急の場合、臨時の職に関する場合又は採用候補者名簿（第21条の4第4項において読み替えて準用する第21条第1項に規定する昇任候補者名簿を含む。）がない場合においては、<u>人事委員会の承認を得て</u>、6月を超えない期間で臨時的任用を行うことができる。この場合において、その任用は、人事委員会の承認を得て、6月を超えない期間で更新することができるが、再度更新することはできない。
3～5　（略）
6　臨時的任用は、正式任用に際して、いかなる優先権をも与えるものではない。
7　（略）

解説　「人事委員会の承認を得て」とは、臨時的任用を行おうとする職についての承認であって、臨時的任用を行おうとする職員個々についての承認ではないとされています。なお、本条でいう「人事委員会」には、競争試験等を行う公平委員会も含まれます。

臨時的任用・非常勤職員の制度運用の問題点

　民間の事業者は、私法上の契約によって労働者を雇っており、その就労形態も様々なものがあります。
　一方、公務員は、法令に基づいて任用や勤務条件が定まっており、任期の定めのない常勤職員が原則的な類型となっているところですが、多様化・高度化する住民ニーズに的確・効率的に対応するため、臨時的任用・非常勤職員を活用することにより、任用・勤務形態の多様化が図られてきました。
　しかし、本来は臨時的・補助的な業務などに任期を限って任用されるものであるのに、同じ人が任期終了後も繰り返し任用される事例や、常勤職員と同様の本格的業務に従事している事例などもみられることから、制度本来の趣旨に鑑みた運用適正化の必要性が指摘されています。

任期付採用

ポイント

㉛ 特例法に基づき、条例で定めるところにより、職員を任期を定めて採用することができる。
㉜ <u>専門的知識経験者</u>は選考により５年以内、<u>一定期間内の業務に係る採用</u>は競争試験又は選考により３年以内。
㉝ 任期付短時間勤務職員は<u>本格的業務</u>に従事できる。

㉛ 任期の定めのある任用の可否

　公務運営の中心となるのは任期の定めのない常勤職員ですが、実際の必要性から、任期の定めのある任用形態が認められています。

　地方公務員法には、任期の定めのある任用に関する一般的な規定はありませんが、職員の任用を無期限のものとしているのは、職員の身分を保障し、安んじて自己の職務に専念させる趣旨ですから、期限付きの任用を必要とする特段の事由があり、身分保障の趣旨に反しない場合には、判例においても期限付きの任用が認められていました（最判昭38.4.2）。

　現在では、「地方公共団体の一般職の任期付職員の採用に関する法律」（平成14年法律第48号）という特例法において、任期の定めのある採用が認められる場合を類型化して規定しています。各地方公共団体が、この特例法に基づいて任期を定めた採用を行おうとする場合には、その必要性等を検討した上で、採用に係る要件等について条例で定めておくことが必要です。

㉜　任期付採用の内容

　この特例法によって認められている任期付採用は、①専門的知識経験等を有する者の採用、②一定期間内の業務に係る採用、の2種類に大別されます。

　このうち①は、特定の業務上の必要に応じて、専門的な知識経験や優れた識見を有する者を任期を定めて採用するものです。この採用に当たっては、特定の個人が特定の職に就く適格性を有するかどうかを判断するため、任命権者による選考が行われます。また、人事委員会（競争試験等を行う公平委員会を含む。）を置く地方公共団体においては、能力の実証に基づく公正な採用をより確保する観点から、人事委員会の承認を得なければならないこととされています。

　この採用の任期は、5年を超えない範囲内で任命権者が定めることとされています。

　一方②は、一定期間内に業務の終了が見込まれる場合、あるいは一定期間内に限り業務量増加が見込まれる場合に、職員を任期を定めて採用するものです。この採用に当たっては、①のように特定の個人の適格性を判断するのではなく、広く公正中立に選抜するため、任期の定めのない職員に準じて競争試験又は選考を行うことになります。

　この採用の任期は、3年を超えない範囲内で任命権者が定めることとされています。ただし、特に必要がある場合には条例で5年を超えない範囲内とすることができます。

㉝　任期付短時間勤務職員

　上記の任期付採用が、フルタイムで勤務する職員を採用するものであるのに対して、任期付短時間勤務職員制度は、短時間だけ勤務する職員を任期を定めて採用するものです。

　任期付短時間勤務職員は、一定期間内に業務終了が見込まれる場合、一定期間内に限り業務量増加が見込まれる場合、住民に対するサービスを向上する場合、部分休業（☞ Part 19 ）を取得した職員に代替する場合、の4つの場合に採用が認められています。

臨時・非常勤職員（☞ Part 10 ）が臨時的・補助的な職に任用されるものであるのに対して、任期付短時間勤務職員は常勤職員と同様の本格的業務に従事することができます。したがって、その採用も競争試験又は選考によることとされています。

また、任期は3年以内（特に必要がある場合は5年以内）で定めることとされています。

図11　任期付職員の分類

任期付採用
（フルタイム勤務職員）

任期付短時間勤務職員

専門的知識・経験等

専門的知識・経験等を有する者の
任期付採用

・任期5年、選考により採用
○専門的な知識経験や優れた識見を
　有する者

一定期間内の業務

一定期間の業務に係る任期付採用

・任期3年、競争試験又は選考により採用
○一定期間内に業務終了が見込まれ
　る場合
○一定期間内に限り業務量増加が見
　込まれる場合

任期付短時間勤務職員

・任期3年、競争試験又は選考により採用
○一定期間内に業務終了が見込まれ
　る場合
○一定期間内に限り業務量増加が見
　込まれる場合
○対住民サービスを向上する場合
○部分休業を取得した職員に代替す
　る場合

その他

📖 条文をチェック！

●地方公共団体の一般職の任期付職員の採用に関する法律

（職員の任期を定めた採用）

第3条　任命権者は、高度の専門的な知識経験又は優れた識見を有する者

をその者が有する当該高度の専門的な知識経験又は優れた識見を一定の期間活用して遂行することが特に必要とされる業務に従事させる場合には、条例で定めるところにより、職員を選考により任期を定めて採用することができる。

2　任命権者は、前項の規定によるほか、専門的な知識経験を有する者を当該専門的な知識経験が必要とされる業務に従事させる場合において、次の各号に掲げる場合のいずれかに該当するときであって、当該者を当該業務に期間を限って従事させることが公務の能率的運営を確保するために必要であるときは、条例で定めるところにより、職員を選考により任期を定めて採用することができる。

(1)　当該専門的な知識経験を有する職員の育成に相当の期間を要するため、当該専門的な知識経験が必要とされる業務に従事させることが適任と認められる職員を部内で確保することが一定の期間困難である場合

(2)　当該専門的な知識経験が急速に進歩する技術に係るものであることその他当該専門的な知識経験の性質上、当該専門的な知識経験が必要とされる業務に当該者が有する当該専門的な知識経験を有効に活用することができる期間が一定の期間に限られる場合

(3)　前2号に掲げる場合に準ずる場合として条例で定める場合

3　（略）

●地方公共団体の一般職の任期付職員の採用に関する法律

第4条　任命権者は、職員を次の各号に掲げる業務のいずれかに期間を限って従事させることが公務の能率的運営を確保するために必要である場合には、条例で定めるところにより、職員を任期を定めて採用することができる。

(1)　一定の期間内に終了することが見込まれる業務

(2)　一定の期間内に限り業務量の増加が見込まれる業務

2　任命権者は、法律により任期を定めて任用される職員以外の職員を前項各号に掲げる業務のいずれかに係る職に任用する場合において、職員を当該業務以外の業務に期間を限って従事させることが公務の能率的運営を確保するために必要であるときは、条例で定めるところにより、職員を任期を定めて採用することができる。

●地方公共団体の一般職の任期付職員の採用に関する法律
（短時間勤務職員の任期を定めた採用）

第5条　任命権者は、短時間勤務職員を前条第1項各号に掲げる業務のいずれかに従事させることが公務の能率的運営を確保するために必要である場合には、条例で定めるところにより、短時間勤務職員を任期を定めて採用することができる。

2　任命権者は、前項の規定によるほか、住民に対して職員により直接提供されるサービスについて、その提供時間を延長し、若しくは繁忙時における提供体制を充実し、又はその延長した提供時間若しくは充実した提供体制を維持する必要がある場合において、短時間勤務職員を当該サービスに係る業務に従事させることが公務の能率的運営を確保するために必要であるときは、条例で定めるところにより、短時間勤務職員を任期を定めて採用することができる。

3　任命権者は、前2項の規定によるほか、職員が次に掲げる承認（中略）を受けて勤務しない時間について短時間勤務職員を当該職員の業務に従事させることが当該業務を処理するため適当であると認める場合には、条例で定めるところにより、短時間勤務職員を任期を定めて採用することができる。

(1)〜(3)　（略）

ザ・コラム

■ 任期付研究員の制度

　任期付職員の採用に関する法律の制定に先立って、「地方公共団体の一般職の任期付研究員の採用等に関する法律」（平成12年法律第51号）が制定されました。

　この法律は、公設試験研究機関における研究活動の活性化を図るため、条例で定めるところにより、5年を超えない任期を定めて優れた研究者を招へいすること、3年を超えない任期を定めて若手研究員を能力かん養に資する研究業務に従事させることを認めています。

特別な任用等

ポイント

Local Public Service Act

㉞ 兼職は兼ねさせる職全てについて任命行為が必要だが、充て職は充てられる職についての任命行為は必要ない。
㉟ 事務従事とは、職務命令によって他の職の事務にも従事させること。
㊱ 公益的法人等へは職を保有したまま派遣されるが、第三セクター等へは退職した上で派遣され、派遣期間満了後再び採用される。

㉞ 兼職と充て職

　地方自治法第180条の3には、職員の任用について幾つかの形態が規定されています。

　まず、兼職とか併任などと呼ばれている任用形態があります。これは、1人の職員を2つ以上の職に同時に就けるというものです。同一の地方公共団体の中で2つ以上の職を兼ねる場合だけでなく、異なる地方公共団体間で職を兼ねる場合もあり得ます。

　次に、充て職と呼ばれる任用形態があります。これは、あらかじめ条例や規則等で規定しておくことにより、ある特定の職に就いた職員が自動的に他の特定の職に就くというものです。

　兼職については、兼ねさせる2つ以上の職全てについて任命行為が必要となりますが、充て職の場合は、ある特定の職への任命行為があれば、充てられる職についての任命行為は必要ありません。

㉟　事務従事と補助執行

また、事務従事と呼ばれる勤務形態についても規定されています。これは、ある職に就いている職員に、他の職の事務にも従事させるというものです。兼職・充て職よりも簡便な方法であり、任命行為は必要なく、他の職の事務に従事すべき旨の職務命令を発すれば足りるものと解されています。

なお、地方自治法には、補助執行と呼ばれる勤務形態についての規定もあります。これは、人事上の事務手続としては事務従事と同様ですが、執行事務の内容が、事務従事の場合が事務一般であるのに比べて、より限定的であり具体的に定まったものであると解されています。

㊱　出向と派遣

出向とか派遣という言葉は、使われる場面によっていろいろな意味があり得ますが、任命権者が自らの権限下にある職員を他の任命権者の権限下に異動させるという場合、法律上は出向先の任命権者による任用ということになります。

一方、「公益的法人等への一般職の地方公務員の派遣等に関する法律」（平成12年法律第50号）によって、任命権者のいない公益的法人や第三セクター等への職員の派遣についても、法律上の根拠が与えられています。

まず、条例で定めた一般社団法人や一般財団法人、一般地方独立行政法人などの公益的法人等に職員を派遣する場合には、任命権者と公益的法人等との間で勤務条件等についてあらかじめ取り決め、職員の同意を得た上で派遣します。派遣期間は3年以内（特に必要がある場合は5年まで延長可）で、派遣されたときに就いていた職を保有するが給与は支給されず、期間が満了すれば職務に復帰します。

また、条例で定めた第三セクター等に職員を派遣する場合には、任命権者と第三セクター等との間で勤務条件等についてあらかじめ取り決め、任命権者の要請に応じて職員が退職します。派遣期間は3年以内で、期間が満了した場合には任命権者は職員として採用するものと規定

されています。公務員の身分を保有したまま営利を目的とする法人に派遣されることを避けるため、一旦退職した上で派遣し、期間満了後に再び元の地方公共団体に採用されることを保障することとしたものです。

図12　「公益的法人等への一般職の地方公務員の派遣等に関する法律」
　　　に基づく派遣

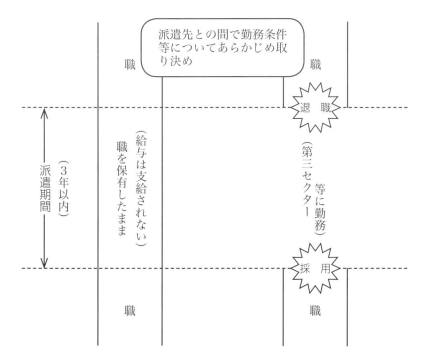

条文をチェック！

●地方自治法
第180条の3　普通地方公共団体の長は、当該普通地方公共団体の委員会又は委員と協議して、その補助機関である職員を、当該執行機関の事

務を補助する職員若しくはこれらの執行機関の管理に属する機関の職員と兼ねさせ、若しくは当該執行機関の事務を補助する職員若しくはこれらの執行機関の管理に属する機関の職員に充て、又は当該執行機関の事務に従事させることができる。

解説 この条文は注意的に規定したものであり、この条文の規定に準じて、例えば長以外の執行機関の補助職相互の間で兼職あるいは事務従事をさせることも差し支えないものと解されています。

● 公益的法人等への一般職の地方公務員の派遣等に関する法律
（職員の派遣）
第2条　任命権者（中略）は、次に掲げる団体のうち、その業務の全部又は一部が当該地方公共団体の事務又は事業と密接な関連を有するものであり、かつ、当該地方公共団体がその施策の推進を図るため人的援助を行うことが必要であるものとして条例で定めるもの（中略）との間の取決めに基づき、当該公益的法人等の業務にその役職員として専ら従事させるため、条例で定めるところにより、職員（中略）を派遣することができる。
　(1)　一般社団法人又は一般財団法人
　(2)　地方独立行政法人法（中略）第55条に規定する一般地方独立行政法人
　(3)・(4)　（略）
2　任命権者は、前項の規定による職員の派遣（中略）の実施に当たっては、あらかじめ、当該職員に同項の取決めの内容を明示し、その同意を得なければならない。
3・4　（略）

● 公益的法人等への一般職の地方公務員の派遣等に関する法律
（特定法人の業務に従事するために退職した者の採用）
第10条　任命権者と特定法人（当該地方公共団体が出資している株式会社のうち、その業務の全部又は一部が地域の振興、住民の生活の向上その他公益の増進に寄与するとともに当該地方公共団体の事務又は事業と密接な関連を有するものであり、かつ、当該地方公共団体がその施策の

推進を図るため人的援助を行うことが必要であるものとして条例で定めるものをいう。以下同じ。）との間で締結された取決めに定められた内容に従って当該特定法人の業務に従事するよう求める任命権者の要請に応じて職員（中略）が退職し、引き続き当該特定法人の役職員として在職した後、当該取決めで定める当該特定法人において業務に従事すべき期間が満了した場合又はその者が当該特定法人の役職員の地位を失った場合その他の条例で定める場合には、地方公務員法第16条各号（中略）の一に該当する場合（中略）その他条例で定める場合を除き、その者が退職した時就いていた職又はこれに相当する職に係る任命権者は、当該特定法人の役職員としての在職に引き続き、その者を職員として採用するものとする。

2～5　（略）

ザ・コラム

■ 公益的法人等への職員派遣の手法

　「公益的法人等への一般職の地方公務員の派遣等に関する法律」が制定される以前、地方公共団体から公益的法人等へ職員を派遣するに当たっては、職員を派遣期間中休職にしたり職務専念義務を免除したりするという手法や、職員に対して職務命令を発する手法などが取られていました。しかし、地方公共団体とは別の法人である公益的法人等の業務に従事させることを目的として休職処分を課したり職務専念義務を免除したり職務命令を発したりすることができるのか、問題視されていました。

　また、派遣中の職員に地方公共団体が給与を支給することは違法であるとして、住民訴訟が数多く提起されました。

　従来の地方公務員法では職員を公益的法人等へ派遣することを予定していなかったため、この特例法を制定するという形で、統一的なルールの確立が図られたのです。

Part 13

人事評価、研修

ポイント

Local Public Service Act

㊲ 人事評価は、職員が職務を遂行するに当たり発揮した能力、挙げた業績を把握して行われる。
㊳ 任命権者は、人事評価を任用・給与・分限その他の人事管理の基礎として活用する。
㊴ 地方公共団体は、研修の目標や研修計画の指針など、研修に関する基本的な方針を定めなければならない。

㊲ 人事評価の実施

地方公共団体の行政の民主的かつ能率的な運営を確保するためには、能力主義・成績主義（☞ Part 7）を実現する必要があります。そのための手段として、人事評価制度が設けられています。

人事評価は、職員の勤務成績を、能力と業績の両面から評価することとされています。

能力評価とは、職員の職務上の行動等を通じて顕在化した能力を把握して評価するものです。例えば企画立案、専門知識、協調性、判断力などの項目について評価を行うことになります。

また、業績評価とは、職員が果たすべき職務をどの程度達成したかを把握して評価するものです。例えば具体的な業務の目標・課題を期首に設定し、期末にその達成度を評価することが考えられます。

職員の人事評価は、公正に行われなければなりません。また任命権者は、定期的に人事評価を行わなければならないこととされています。

人事評価の基準や方法など、人事評価に関して必要な事項は任命権者が定めることになりますが、地方公共団体の長及び議会の議長以外の任

命権者がこれらの事項を定める場合には、あらかじめ地方公共団体の長に協議しなければならないこととされています。

なお、人事委員会は、人事行政に関する専門的行政機関としての立場から、人事評価の実施に関して必要に応じて任命権者に勧告することができます。

㊳ 人事評価に基づく措置

任命権者は、人事評価を任用、給与、分限その他の人事管理の基礎として活用することとされています。

具体的には、人事評価の結果に応じて、能力本位の任用（☞ Part 8 ）、勤務成績を反映した給与（☞ Part 16 ）、厳正・公正な分限処分（☞ Part 21 ）などの措置を講じることになります。

また、人事評価は、地方公共団体の人材育成においても重要なツールとなります。任命権者には、研修制度と連動させるなど、職員の能力開発・人材育成に役立てるという観点に立った措置を講じることが求められます。

㊴ 研 修

地方公共団体は、職員の勤務能率の発揮と増進を図るため、職員に研修を受ける機会を与えなければならないこととされています。

職員研修は、職員自身が自治体職員としての自覚に根ざして取り組む自発的努力（自己啓発）、職場において上司・先輩等が日常業務を通して行う職場研修（ＯＪＴ）、日常の職場を離れた所で専門的な研修担当部門等が計画的・組織的に行う職場外研修（Off-ＪＴ）に大別されます。

新規採用職員から管理職に至る階層別一般研修や、担当職務に応じた専門研修など、研修の種類は多種多様なものとなります。また、行政ニーズの高度化・多様化、研修を取り巻く環境の変化や財政事情といった状況にも対応しながら研修方法を改善していかなければなりません。そのため地方公共団体は、研修の目標や計画の指針となるべき事項等、

研修に関する基本的な方針を定めて、計画的に研修を行うこととされています。

そして地方公共団体は、研修に関する基本的な方針を中核として、学習的風土作りや人材育成推進の体制整備など、人材育成のための総合的な方針を立てることが求められます。

また、人事委員会も、専門的な立場から研修の実施に参考となるような勧告を行うことができるものとされています。

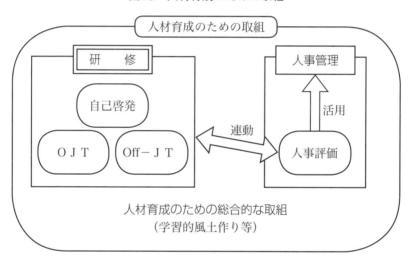

図13　人材育成のための取組

📖 条文をチェック！

（人事評価の根本基準）
第23条　職員の人事評価は、公正に行われなければならない。
2　任命権者は、人事評価を任用、給与、分限その他の人事管理の基礎として活用するものとする。

（人事評価の実施）
第23条の2　職員の執務については、その任命権者は、定期的に人事評価を行わなければならない。
2　人事評価の基準及び方法に関する事項その他人事評価に関し必要な事項は、任命権者が定める。
3　前項の場合において、任命権者が地方公共団体の長及び議会の議長以外の者であるときは、同項に規定する事項について、あらかじめ、地方公共団体の長に協議しなければならない。

（人事評価に基づく措置）
第23条の3　任命権者は、前条第1項の人事評価の結果に応じた措置を講じなければならない。

（人事評価に関する勧告）
第23条の4　人事委員会は、人事評価の実施に関し、任命権者に勧告することができる。

（研修）
第39条　職員には、その勤務能率の発揮及び増進のために、研修を受ける機会が与えられなければならない。
2　前項の研修は、任命権者が行うものとする。
3　地方公共団体は、研修の目標、研修に関する計画の指針となるべき事項その他研修に関する基本的な方針を定めるものとする。
4　人事委員会は、研修に関する計画の立案その他研修の方法について任命権者に勧告することができる。

本条の規定による職員の研修は、任命権者が自ら主催して行う場合に限らず、他の機関に委託して行う場合、特定の教育機関へ入所を命じた場合等をも含むものと解されています。

ザ・コラム

人材育成のための取組

　各地方公共団体において、職員の能力を高め、ひいては組織を活性化するため、様々な人材育成の取組がなされています。

　研修についても、基本的な科目の講義や講演だけではなく、現実の政策形成プロセスを疑似体験するロール・プレイングやディベート討論、ワークショップ等の手法を取り入れるなど、より実践的な能力を身に付けるための取組が行われています。

　また、人事管理においても、職員の動機付け・能力伸長を促すために、目標管理（ＭＢＯ）などの手法や庁内公募制などを導入する事例がみられます。また、地方公共団体相互間や民間との人事交流の推進も、職員の意識改革や幅広い見識を身に付けた職員の育成に資するものです。

　人材育成を実効性のあるものにするためには、研修を充実・多様化することと併せて、職場における様々な場面を人材育成のために活用していくための総合的な取組を進めることが重要です。

勤務条件の根本基準

ポイント

Local Public Service Act

- ㊵ 給与は、生計費、国及び他の地方公共団体の給与、民間の給与、その他の事情、を考慮して定める。
- ㊶ 給与以外の勤務条件は、国及び他の地方公共団体との権衡を考慮して定める。
- ㊷ 勤務条件条例主義は、職員の勤務条件を保障するとともに、住民の合意を得るという意義を有する。

㊵ 給与決定における「均衡の原則」

　地方公務員法第3章第4節は、給与や勤務時間などの勤務条件について規定しています。

　職員の勤務条件の決定に関しては、均衡の原則と呼ばれる基本原則があります。これは、ほかとの均衡を考慮して勤務条件を決定しなければならないというものです。ただし、同じ勤務条件でも「給与」に関する均衡の原則と「給与以外の勤務条件」に関する均衡の原則とでは、その内容の規定ぶりに違いがあります。

　まず、職員の給与を決定するに当たっては、①生計費、②国及び他の地方公共団体の職員の給与、③民間事業の従事者の給与、④その他の事情、を考慮しなければならないこととされています。

　①は、給与には職員が生活していくための資金となる要素があることから考慮が求められるものです。

　②は、業務内容に共通性のある公務員相互間で均衡の取れた給与にする必要があること、③は、民間の労働者とも均衡の取れた給与にする必要があることを示しています。こうすることによって、情勢適応の原則

（☞ Part 6 ）にかなうとともに、納税者からの納得を得られる給与とすることができると考えられます。

　実際には、各地方公共団体が給与を決定するに際しては、人事院の勧告に基づく国家公務員給与を考慮しています。人事院は、国家公務員の給与決定に当たって、生計費を考慮するとともに、民間の賃金に準拠したものとするため、全国規模での調査や研究を行い、その結果に基づいて勧告していますので、その人事院勧告に基づく国家公務員給与を各地方公共団体が考慮すれば、結果的に民間、国、そして他の地方公共団体の給与を考慮したことになると考えられるのです。

　もっとも、単純に国家公務員給与と同じにすればよいというわけではなく、それぞれの地方公共団体の組織や規模、地域の社会的条件なども勘案して決定する必要があります。

　具体的には、人事委員会を置く地方公共団体においては、人事委員会が、人事院勧告を考慮しながら、その地域の事情等を勘案した上で、給与等について講ずべき措置について議会及び長に勧告します。

　各地方公共団体の長は、人事院や人事委員会の勧告内容を十分に踏まえた上で、財政事情等も考慮して、具体的な給与改定方針を決定し、議会の議決によって給与条例が改正されることになります。

㊶　給与以外の勤務条件決定における「均衡の原則」

　一方、勤務時間など、給与以外の勤務条件を決定するに当たっては、国及び他の地方公共団体との権衡（均衡）を考慮しなければならないことだけが規定されており、民間事業との均衡を考慮しなければならない旨の規定はありません。

　ある程度画一的に算出できる給与とは違って、勤務時間などの勤務条件は個別具体的な勤務内容によって全く異なるものであり、勤務内容が多種多様な民間事業との均衡を図るのは難しい面があると考えられます。

　もっとも、各地方公共団体は勤務条件全般が社会一般の情勢に適応したものとなるように随時、適当な措置を講じることが求められます。

㊷ 勤務条件に関する条例主義

　職員の給与や勤務時間などの勤務条件は、条例で定めることとされています。

　地方公務員は労働基本権が一部制約されています（☞ **Part 30**）ので、強い立場にある任命権者が一方的に職員の勤務条件を決定してしまうことがないように、議会において客観的な立場から勤務条件の妥当性を審議して条例という形で定めることとすることにより、職員の勤務条件を保障しているのです。

　また、給与をはじめとする勤務条件は地方公共団体の財政支出に大きな影響を与えるものなので、住民の代表者から構成される議会において議決することにより、住民の合意を得るという意味合いもあります。

　特に給与については、地方公務員法において、条例に基づかない金銭・有価物の支給を禁止する定めがあるほか、条例に規定すべき事項が具体的に列挙されています。

図14　均衡の原則

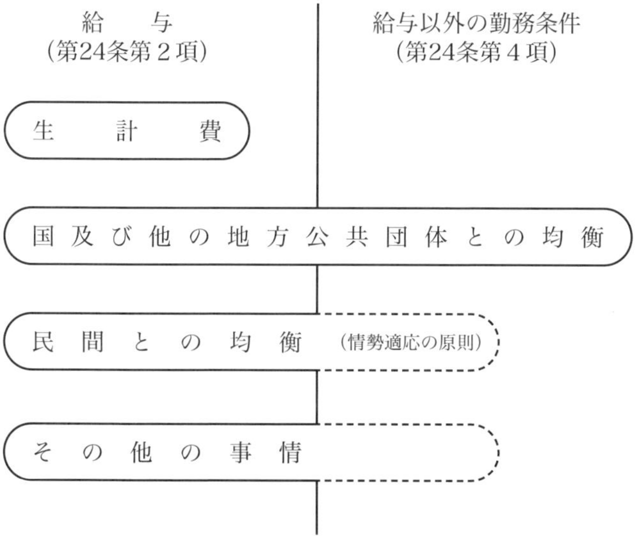

給　　　与	給与以外の勤務条件
（第24条第2項）	（第24条第4項）

生　　計　　費

国　及　び　他　の　地　方　公　共　団　体　と　の　均　衡

民　間　と　の　均　衡　（情勢適応の原則）

そ　の　他　の　事　情

条文をチェック！

（給与、勤務時間その他の勤務条件の根本基準）
第24条　（略）
2　職員の給与は、生計費並びに国及び他の地方公共団体の職員並びに民間事業の従事者の給与その他の事情を考慮して定められなければならない。
3　（略）
4　職員の勤務時間その他職員の給与以外の勤務条件を定めるに当つては、国及び他の地方公共団体の職員との間に権衡を失しないように適当な考慮が払われなければならない。
5　職員の給与、勤務時間その他の**勤務条件**は、条例で定める。

「勤務条件」とは、職員が地方公共団体に対し勤務を提供するについて存する諸条件で、職員が自己の勤務を提供し又はその提供を継続するかどうかの決心をするに当たり一般的に当然考慮の対象となるべき利害関係事項であるものを指すと解されています。

ザ・コラム

ラスパイレス指数

　地方公務員の給与を国家公務員の給与と比較する方法として、ラスパイレス指数が使われています。

　ラスパイレス指数とは、国家公務員を100とした場合の地方公務員の給与水準を示す指数です。学歴や経験年数の差による影響を取り除くため、学歴別・経験年数別の職員構成が国家公務員と同一であると仮定して計算します。

　毎年実施されている地方公務員給与実態調査によって、全ての都道府県・市区町村のラスパイレス指数が公表されるようになっています。

　なお、公務員給与と民間賃金を比較する方法としても、このラスパイレス方式が妥当であるとされています。

給与に関する原則

ポイント

Local Public Service Act

㊸ 職員の給与は、その職務と責任に応ずるものでなければならない。
㊹ 複数の職を兼ねていても、重複して給与を受けてはならない。
㊺ 給与は、通貨で、直接、全額を支払わなければならない。

㊸ 職務給の原則

　地方公務員法では、職員の給与決定に関する原則として、均衡の原則と並んで、職務給の原則が規定されています。

　職務給の原則とは、職員の給与はその職務と責任に応ずるものでなければならない、というものです。給与は職員の勤務に対する反対給付として支払われるものですので、提供される職務と責任に対応するものでなければならないのです。

　具体的には、職員個々の給料は各地方公共団体ごとに給与条例に規定する給料表に基づいて決定されることになります。給料表は、職員の職務の複雑、困難及び責任の度合いに基づく「等級」ごとに明確な給料額の幅を定めるものです（☞ Part 16）。さらに、給料表の等級ごとに職務を分類する際に基準となるべき職務の内容を定めた等級別基準職務表を併せて給与条例に規定することとされています。これらの仕組みにより、職務給の原則が徹底されることになります。

㊹　重複給与支給の禁止

　職員は、2つ以上の職を兼ねることができますが、その場合には重複して給与を受けてはならないこととされています。同一の勤務時間に対して、複数の職の給与を受けることを禁ずるものです。

　なお、一般職の職員が特別職を兼ねる場合は、明文の重複給与禁止規定がなく、特別職としての報酬を受けることは可能ですが、特別職として勤務したために一般職の職務について勤務しなかった時間に対する給与は減額するのが妥当であるとされています。また、その特別職が一般職の職務の性質上当然に兼ねるべきものである場合には、特別職としての報酬を別に受けることは適当ではないと解されています。

㊺　給与支払の3原則

　職員への給与支払に関しては、3つの原則が定められています。

　まず、通貨払いの原則があります。通貨とは強制通用力のある貨幣のことです。給与には職員の生活費としての意味合いがありますから、現物支給のような支払方法は禁止されますし、外国通貨や小切手による支払も認められないものとされています。

　次に、直接払いの原則があります。給与が中間搾取されることを防ぐのが、この原則の趣旨です。職員の代理人に対する支払は、この原則に反することとなり認められません。ただし、権限のない単なる使者に対する支払は認められるものと解されています。

　さらに、全額払いの原則があります。使用者による一方的な控除を禁じて、給与全額を確実に受領させようとするものです。ただし、法律又は条例に定めがある場合には例外が認められることとされており、現実には様々な種類の控除がなされた後に給与が支払われるのが通例です。例えば、法律の定めによる控除として、所得税の源泉徴収や住民税の特別徴収、共済組合掛金の控除などがあります。また、条例の定めによる控除としては、宿舎の使用料や互助会の会費などが挙げられます。

　なお、給与を払い過ぎたために翌月の給与を減額して調整する、といった相殺は、過払いのあった時期と賃金の精算・調整の実を失わない

程度に合理的に接着した時期になされ、あらかじめ労働者に予告される
とか、その額が多額にわたらないなど、労働者の経済生活の安定を脅か
すおそれのない場合には許されると解されています（最判昭44. 12.
18）。

　また、給与支払の方法として、現在では現金手渡しよりも、金融機関
の口座への振込みが多く行われていますが、この方法については、①給
与の口座振込みが職員の意思に基づいているものであること、②職員が
指定する本人名義の預金又は貯金の口座に振り込まれること、③振り込
まれた給与の全額が、所定の給与支払日に払い出し得る状況にあるこ
と、の3つの要件を満たすならば、別に条例を制定したりしなくても認
められるものと解されています。

　給与支払の3原則の規定は労働基準法にも置かれており、給与の支払
に関して民間労働者とも共通する原則となっています。

図15　給与に関する原則

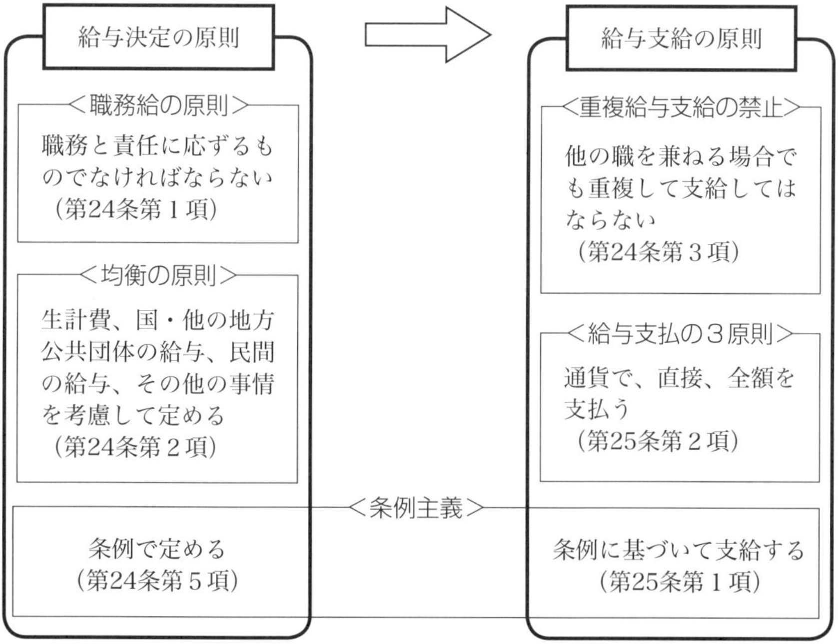

📖 条文をチェック！

（給与、勤務時間その他の勤務条件の根本基準）

第24条　職員の給与は、その職務と責任に応ずるものでなければならない。

2　（略）

3　職員は、他の職員の職を兼ねる場合においても、これに対して給与を受けてはならない。

4・5　（略）

（給与に関する条例及び給与の支給）

第25条　職員の給与は、前条第5項の規定による給与に関する条例に基づいて支給されなければならず、また、これに基づかずには、いかなる金銭又は有価物も職員に支給してはならない。

2　職員の給与は、法律又は条例により特に認められた場合を除き、通貨で、直接職員に、その全額を支払わなければならない。

3　給与に関する条例には、次に掲げる事項を規定するものとする。

　(1)　給料表

　(2)　等級別基準職務表

　(3)〜(7)　（略）

4　前項第1号の給料表には、職員の職務の複雑、困難及び責任の度に基づく等級ごとに明確な給料額の幅を定めていなければならない。

5　第3項第2号の等級別基準職務表には、職員の職務を前項の等級ごとに分類する際に基準となるべき職務の内容を定めていなければならない。

ザ・コラム

給与請求権

　職員は、公務員としての地位に基づいて、地方公共団体に対して給与請求権を有します。給与請求権を他人に譲渡したり放棄したりすることは、職員の生活に支障を及ぼし、公益を害するおそれもあることから、一般に許されないものと解されています。ただし、そのようなおそれがない場合（例えば、職員が退職した後にその退職前に生じた個々の給与の請求権を放棄するような場合）には、給与請求権の支分権である具体的給与の請求権を放棄することは認められるものと解されています。

　なお、給与請求権の時効は労働基準法の規定により2年とされていますが、時効の援用を必要とせず、また、時効の利益の放棄もできず、2年が経過した時点で消滅することになります。

給与その他の給付の内容

ポイント

Local Public Service Act

㊻ 非常勤職員には、報酬と費用弁償が支給される。
㊼ 常勤職員には、給料と旅費・手当が支給される。
㊽ 手当は、法律に列挙されているものだけを支給することができる。

㊻ 非常勤職員への給付

　給与をはじめとする給付の具体的な内容については、地方自治法第2編第8章「給与その他の給付」の中で、議会の議員、非常勤職員、常勤職員に分けて規定されています。

　まず、議会の議員は一種の非常勤職員ですが、議員報酬が支給されるほか、職務執行等に要した経費を償うため費用弁償が受けられます。なお、条例で定めれば期末手当の支給もできることとされています。

　また、普通地方公共団体の委員会の委員等、非常勤の職員についても、報酬が支給されることとなっていますが、この報酬は原則として勤務日数に応じて支給することとされています。このほか、費用弁償を受けることもできます。ただし、期末手当の支給を可能とする規定はありません。

㊼ 常勤職員への給付

　一方、普通地方公共団体の常勤職員並びに短時間勤務職員については、給料及び旅費を支給しなければならないこととされています。給料とは、正規の勤務時間による勤務に対する報酬のことです。さらに、各種の手当を支給することができることとされています。

16　給与その他の給付の内容　㊆

　　以上の非常勤職員・常勤職員に対する各給付の額並びに支給方法については、条例で定めなければなりません。

　　特に給料については、条例で給料表を規定することとされています。給料表には、行政職とか教育職といった職種ごとに、職務の複雑、困難、責任の度合いに応じた級を設け、さらにそれぞれの級を幾つかの号給に区分し、それぞれの号給ごとに給料月額を定めます。任命権者は、職員を標準職務遂行能力（☞ Part 8 ）等を基準として任用し、給料表のいずれかの級・号給に属させます。そして、人事評価等に基づき、一定期間を良好な成績で勤務した場合には上位の号給に昇給させ、また、職を昇任させた場合には上位の級に昇格させることになります。

　　給料表は職員の給与決定の基礎となるものであることから、人事委員会は毎年少なくとも1回は給料表が適当であるかどうかについて調査の上議会及び長に報告しなければならず、また、給料表に定める給料額の増減について勧告をすることができることとされています（☞ Part 14 ）。

❹⓼　手　当

　　常勤職員に対して支給することができる手当は、地方自治法第204条第2項に限定列挙されており、ここに規定されていない手当を独自に支給することはできないと解されています。

　　支給する手当の内容は、国家公務員の手当等に準じて、条例で具体的に定めることになります。また、労働基準法に規定があるものについては、その規定の範囲内において条例で内容を定めることになります。例えば、正規の勤務時間外に勤務させた場合に支給する時間外勤務手当は、労働基準法の規定に基づき、通常の労働時間の賃金の計算額の2割5分以上の率で計算した割増賃金を支払うように条例等で定めなければなりません。

　　なお、一般的にボーナスと呼ばれている支給は、民間企業では賞与に当たりますが、公務員の場合は、生活費が増大する時季に生活給として支給される期末手当と、人事評価等に基づき勤務成績に応じて報償費として支給される勤勉手当とを合わせたものになります。

また、退職時に支給される退職手当は、退職後の生活のための生活給という性格を有するとともに、勤続に対する功労報償的性格も有するものであり、職員が懲戒免職処分（☞ Part 23 ）を受けたり一定の刑に処せられたりした場合には支給されないこととされるのが一般的です。

図16　給料表

昇格（職を昇任させた場合）

職員の区分	職務の級	1 級	2 級	3 級	4 級	…
	号給	給料月額	給料月額	給料月額	給料月額	
再任用職員以外の職員	1	○○○○○円	○○○○○円	○○○○○円	○○○○○円	
	2	○○○○○	○○○○○	○○○○○	○○○○○	
	3	○○○○○	○○○○○	○○○○○	○○○○○	
	4	○○○○○	○○○○○	○○○○○	○○○○○	
	5	○○○○○	○○○○○	○○○○○	○○○○○	
	6	○○○○○	○○○○○	○○○○○	○○○○○	
	7	○○○○○	○○○○○	○○○○○	○○○○○	
	8	○○○○○	○○○○○	○○○○○	○○○○○	
	⋮	⋮	⋮	⋮	⋮	

昇給（一定期間を良好な成績で勤務した場合）

📖 条文をチェック！

（給料表に関する報告及び勧告）

第26条　人事委員会は、毎年少くとも1回、給料表が適当であるかどうかについて、地方公共団体の議会及び長に同時に報告するものとする。給与を決定する諸条件の変化により、給料表に定める給料額を増減することが適当であると認めるときは、あわせて適当な勧告をすることができる。

●地方自治法

第204条 普通地方公共団体は、普通地方公共団体の長及びその補助機関たる常勤の職員、委員会の常勤の委員（中略）、常勤の監査委員、議会の事務局長又は書記長、書記その他の常勤の職員、委員会の事務局長若しくは書記長、委員の事務局長又は委員会若しくは委員の事務を補助する書記その他の常勤の職員その他普通地方公共団体の常勤の職員並びに短時間勤務職員に対し、給料及び旅費を支給しなければならない。

② 普通地方公共団体は、条例で、前項の職員に対し、扶養手当、地域手当、住居手当、初任給調整手当、通勤手当、単身赴任手当、特殊勤務手当、特地勤務手当（中略）、へき地手当（中略）、時間外勤務手当、宿日直手当、管理職員特別勤務手当、夜間勤務手当、休日勤務手当、管理職手当、期末手当、勤勉手当、寒冷地手当、特定任期付職員業績手当、任期付研究員業績手当、義務教育等教員特別手当、定時制通信教育手当、産業教育手当、農林漁業普及指導手当、災害派遣手当（中略）又は退職手当を支給することができる。

③ 給料、手当及び旅費の額並びにその支給方法は、条例でこれを定めなければならない。

ザ・コラム

■ 特殊勤務手当

　特殊勤務手当は、著しく危険、不快、不健康又は困難な勤務その他著しく特殊な勤務に従事する職員に支給される手当です。

　この手当は、給料月額で評価することが難しい非継続的な特殊勤務について手当てするという趣旨で設けられたものです。手当の具体的な内容・支給要件等については各地方公共団体ごとに条例で定められますが、かつてはどのような勤務に対して特殊勤務手当を支給すべきかが問題となることがありました。最高裁判所が、昼休み窓口業務に従事した職員に対して特殊勤務手当を支給していた事例に対して、違法な支給であると判示した例があります（最判平7. 4. 17）。

　現在では、各地方公共団体が特殊勤務手当の本来の趣旨に照らして見直しを行った結果、是正が進んでいます。

Part 17

勤務時間

ポイント

Local Public Service Act

㊾ 勤務時間は１週間について40時間、１日について８時間を超えてはならない。
㊿ 公務のために時間外勤務をさせる必要があるかどうかの判断は使用者に委ねられる。
(51) 休憩時間は、勤務時間の途中に、一斉に与え、自由に利用させなければならない。

㊾ 勤務時間の定め

職員の勤務時間については条例で定めることになりますが、その際には均衡の原則により、国及び他の地方公共団体との権衡を考慮しなければならないこととされています（☞ Part 14）。国家公務員の勤務時間については、「一般職の職員の勤務時間、休暇等に関する法律」により、１週間当たり38時間45分、１日につき７時間45分とされていますので、地方公共団体の職員の勤務時間についても基本的には国家公務員に準じたものにすべきです。

もっとも、それぞれの実情に応じて、国家公務員と若干異なる勤務時間を定めることも禁じられるものではありません。ただし、その場合でも、労働基準法において、１週間について40時間、１日について８時間を超えて労働させてはならないという規定がありますので、この規定の範囲内で定める必要があります。

㊿ 時間外勤務

労働基準法では、非現業の公務員について、公務のために臨時の必要

がある場合には、正規の勤務時間外に勤務させることができると規定しています。行政事務の公共性に鑑み、公務のために臨時の必要があるかどうかの判断は、使用者に委ねられるものとされています。

ただし、現業の職員については、上記の規定が適用されないこととされているため、時間外勤務をさせる必要がある場合には、民間企業と同様に、あらかじめ労働組合等と使用者との間で協定を結んでおく必要があります。この協定は労働基準法第36条に規定されていることから、三六協定と呼ばれています。

なお、災害等による臨時の必要がある場合には、三六協定に基づかずに時間外勤務をさせることができることとされています。

職員に時間外労働をさせた場合には、通常の勤務時間よりも割増しして計算した時間外勤務手当（☞ **Part 16**）を支給することになります。

51 休憩時間

労働を継続することによる心身の疲労から回復させるため、職員の勤務時間が6時間を超える場合は45分以上、8時間を超える場合は1時間以上の休憩時間を与えなければならないこととされています。

この休憩時間は、心身の疲労から回復させて業務遂行の能率を上げることが目的ですので、勤務時間の途中に与えなければなりません。したがって、始業時刻から一定の時間を休憩時間としたり、終業時刻までの一定時間を休憩時間とすることはできません。

また、休憩時間は、その事業場に勤務している全員に一斉に与えることが原則とされています。ただし、条例で定めた場合や、特定の現業部門・非現業官公署についてはこの原則は適用されません。

さらに、休憩時間は、職員に自由に利用させなければならないこととされています。したがって、例えば、休憩時間中に外出したりすることも原則として自由です。ただし、自由利用といっても、例えば、施設内においては施設管理権の合理的な行使として是認される範囲内の適法な規制による制約は受けることになります（最判昭52. 12. 13）。なお、警察官や消防職員等には自由利用の原則は適用されません。

これら休憩時間に関する労働基準法の規定は、監督・管理の地位にある職員や機密事務を取り扱う職員などには適用されないこととされています。

図17　1日の勤務時間

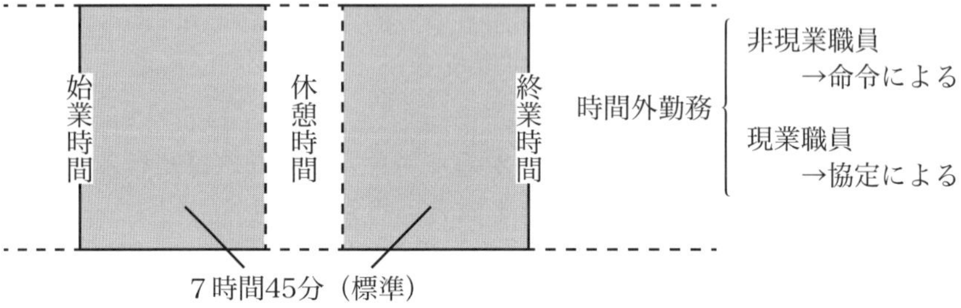

```
┌──────┬──────┬──────┐
│始    │休    │終    │     非現業職員
│業    │憩    │業    │      →命令による
│時    │時    │時    │  時間外勤務
│間    │間    │間    │     現業職員
│      │      │      │      →協定による
└──────┴──────┴──────┘
        7時間45分（標準）
```

📖 条文をチェック！

●労働基準法
（労働時間）

第32条　使用者は、労働者に、休憩時間を除き1週間について40時間を超えて、労働させてはならない。

②　使用者は、1週間の各日については、労働者に、休憩時間を除き1日について8時間を超えて、労働させてはならない。

●労働基準法
（災害等による臨時の必要がある場合の時間外労働等）

第33条　災害その他避けることのできない事由によつて、臨時の必要がある場合においては、使用者は、行政官庁の許可を受けて、その必要の限度において第32条から前条まで若しくは第40条の労働時間を延長し、又は第35条の休日に労働させることができる。ただし、事態急迫のために行政官庁の許可を受ける暇がない場合においては、事後に遅滞なく届け出なければならない。

②　（略）

③　公務のために臨時の必要がある場合においては、第1項の規定にかかわらず、官公署の事業（別表第1に掲げる事業を除く。）に従事する国家公務員及び地方公務員については、第32条から前条まで若しくは第40条の労働時間を延長し、又は第35条の休日に労働させることができる。

◉労働基準法
（休憩）
第34条　使用者は、労働時間が6時間を超える場合においては少くとも45分、8時間を超える場合においては少くとも1時間の休憩時間を労働時間の途中に与えなければならない。
②　前項の休憩時間は、一斉に与えなければならない。ただし、当該事業場に、労働者の過半数で組織する労働組合がある場合においてはその労働組合、労働者の過半数で組織する労働組合がない場合においては労働者の過半数を代表する者との書面による協定があるときは、この限りでない。
③　使用者は、第1項の休憩時間を自由に利用させなければならない。

◉労働基準法
（時間外及び休日の労働）
第36条　使用者は、当該事業場に、労働者の過半数で組織する労働組合がある場合においてはその労働組合、労働者の過半数で組織する労働組合がない場合においては労働者の過半数を代表する者との書面による協定をし、これを行政官庁に届け出た場合においては、第32条から第32条の5まで若しくは第40条の労働時間（中略）又は前条の休日（中略）に関する規定にかかわらず、その協定で定めるところによつて労働時間を延長し、又は休日に労働させることができる。ただし、坑内労働その他厚生労働省令で定める健康上特に有害な業務の労働時間の延長は、1日について2時間を超えてはならない。
②～④　（略）

ザ・コラム

変形労働時間制

　勤務時間は労働基準法の規定により1週間について40時間、1日について8時間が上限とされていますが、職務の性質上、勤務時間をその上限内とすることが難しい職員については、1か月以内の一定の期間を平均して1週間当たり40時間以内になるようにあらかじめ定めておけば、特定の週に40時間を超えて（又は特定の日に8時間を超えて）勤務させることができます。

　なお、労働基準法で定められている、始業・終業時刻を労働者の決定に委ねるフレックスタイム制などに関する規定は、地方公務員法では適用除外とされています。ただし、地方公営企業等の職員や単純労務職員には適用されます。

Part 18

18 休日・休暇 ⑧⑤

休日・休暇

ポイント

Local Public Service Act

㊾ 週休日には勤務時間が割り振られていないのに対して、祝日や年末年始には勤務時間が割り振られているが勤務することを要しない。

㊿ 休暇とは、勤務条件として、勤務を要する日に職務専念義務を免除されること。

⑤④ 年次有給休暇は、職員の時季指定によって成立する。

⑤② 休　日

　勤務しなくてよい日を一般的に休日と呼んでいますが、職員の休日には、労働基準法の規定に基づく週休日と、労働基準法に規定のない休日があります。

　労働基準法では、毎週少なくとも1回の休日を与えなければならないこととされています。ただ、現在では週休2日制が普及しており、地方公共団体においても、通常は日曜日と土曜日が週休日とされています。週休日には勤務時間が割り振られないので、公務のために臨時の必要がある場合などには勤務させることができますが、週休日を他の勤務日に振り替えるか、時間外勤務手当を支給する必要があります（☞ Part 16）。

　一方、労働基準法に規定のない休日として、国民の祝日と年末年始の休日があります。これらの休日は勤務時間が割り振られているものの、勤務することを要しないとされている日であり、これらの休日に勤務させる場合には、代休日を与えるか、休日勤務手当を支給することになります。

　なお、休日については、条例で定めておく必要があります。

㊼ 休　暇

　勤務することを要しない日を休日と呼んでいるのに対して、勤務することを要する日に、それぞれの職員の都合により、任命権者に申請や届出をして勤務しないこととするのが休暇です。勤務条件の一つとして、職務専念義務の免除を受けることができるものです。

　休暇には、労働基準法にも規定されている年次有給休暇をはじめ、職員が負傷・疾病のため療養する必要がある場合の病気休暇、職員の家族が負傷・疾病・老齢により日常生活を営むのに支障がある場合に介護するための介護休暇などがあります。それ以外にも、地方公共団体ごとに様々な種類の特別休暇が定められています。

　なお、休暇についても、条例で定める必要があります。

㊴　年次有給休暇

　労働基準法の規定では、6か月間継続して勤務し、全労働日の8割以上出勤すると、10日の有給休暇が与えられ、その後、継続勤務年数に応じて有給休暇が20日に達するまで加算されていくこととされています。地方公共団体では、この労働基準法の規定を下回らないように、条例で年次有給休暇について定める必要がありますが、職員の継続勤務年数にかかわらず20日の年次有給休暇を与えているのが通例です。

　職員は、自分が有する年次有給休暇の日数の範囲内で、年次有給休暇の具体的な始期と終期を自ら特定することができます。これを時季指定権と呼んでいますが、原則として職員の時季指定によって年次有給休暇が成立します。ただし、請求された時季に年次有給休暇を与えることが公務の正常な運営を妨げる場合には、任命権者は時季変更権を行使することができます。

　年次有給休暇は労働者の休養・活力養成のための制度であり、年次有給休暇をどのように利用するかは、本来、年次有給休暇の成否に影響するものではありません。したがって、年次有給休暇を取得する際に使途を申告する必要はないのが原則です。ただし、事業場における業務の正常な運営の阻害を目的として、全員一斉に休暇届を提出して職場を放棄・離

脱する一斉休暇闘争は、年次休暇に名を借りた同盟罷業（☞ Part 30）にほかならず、本来の年次休暇権の行使ではないとされています（最判昭48.3.2）。

なお、年次有給休暇は、翌年度まで繰り越すことができるものとされています。

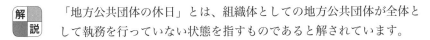

図18　休日と勤務時間

木	金	土	日	月	火（祝日）	水
勤務時間	勤務時間	（週休日）	（週休日）	勤務時間	勤務時間（することを要しない勤務時間中に勤務）	勤務時間

条文をチェック！

●地方自治法
第4条の2　地方公共団体の休日は、条例で定める。
② 前項の地方公共団体の休日は、次に掲げる日について定めるものとする。
　(1)　日曜日及び土曜日
　(2)　国民の祝日に関する法律（昭和23年法律第178号）に規定する休日
　(3)　年末又は年始における日で条例で定めるもの
③・④　（略）

解説　「地方公共団体の休日」とは、組織体としての地方公共団体が全体として執務を行っていない状態を指すものであると解されています。

●労働基準法

（休日）

第35条　使用者は、労働者に対して、毎週少くとも１回の休日を与えなければならない。

②　（略）

●労働基準法

（年次有給休暇）

第39条　使用者は、その雇入れの日から起算して６箇月間継続勤務し全労働日の８割以上出勤した労働者に対して、継続し、又は分割した10労働日の有給休暇を与えなければならない。

②〜④　（略）

⑤　使用者は、前各項の規定による有給休暇を労働者の請求する時季に与えなければならない。ただし、請求された時季に有給休暇を与えることが事業の正常な運営を妨げる場合においては、他の時季にこれを与えることができる。

⑥〜⑧　（略）

ザ・コラム

■ 特別休暇の事由・期間

　特別休暇は、選挙権の行使、結婚、出産、交通機関の事故など、特別の事由により職員が勤務しないことが相当である場合の休暇です。

　特別休暇が認められる場合の事由や期間については、それぞれの地方公共団体ごとに、条例や条例の委任に基づく規則によって定められます。そこで、国家公務員や他の地方公共団体では認められていないような事由を認めたり、より長い期間の休暇を認めている事例も見受けられます。

　しかし、一般的に有給とされている特別休暇を、年次有給休暇とは別に職員に与えるためには、その事由・期間は真に合理性が認められる範囲とする必要があります。均衡の原則からも、基本的には国及び他の地方公共団体に合わせることが適当です。

Part 19 部分休業・休業

ポイント

Local Public Service Act

- ㊹ 部分休業期間中は勤務時間の一部について勤務せず、給与は減額される。
- ㊺ 休業期間中は職を保有するが職務に従事せず、給与は支給されない。
- ㊻ 3歳未満の子を養育するための育児休業制度と、小学校入学前の子を養育するための育児短時間勤務・部分休業の制度がある。

㊹ 部分休業

　常勤職員が、勤務を継続しつつ、その勤務時間の一部について勤務しないことができる制度が部分休業です。地方公務員法では、修学部分休業と高齢者部分休業の2つが規定されています。

　修学部分休業は、職員が公務に関する能力の向上に資するよう、大学等の教育施設で学ぶ場合に、条例で定める一定期間中、部分的に勤務しないことを認める制度です。

　また、高齢者部分休業は、職員の加齢に伴う諸事情への対応や、若年層とのワークシェアリング等の観点から、高齢の職員が定年退職日までの条例で定める一定期間中、部分的に勤務しないことを認める制度です。

　いずれの部分休業においても、勤務しない時間に応じて給与を減額して支給することとされています。これらの部分休業に関して必要な事項は条例で定める必要があります。

㊶ 休 業

部分休業が勤務時間の一部について勤務しないことを認める制度であるのに対して、休業は一定期間中の勤務時間全てについて職務に従事しないことを認める制度です。休業期間中は職を保有するものの、職務専念義務が免除されることになります。また、休業期間中は給与が支給されません。

職員の休業には、自己啓発等休業、配偶者同行休業、育児休業、大学院修学休業の制度があります。

このうち自己啓発等休業は、職員が公務に関する能力の向上に資するよう、3年以内の一定期間中、大学等課程の履修又は国際貢献活動のために休業することを認める制度です。大学等課程の履修とは、国内外の大学等の教育施設の課程を履修することであり、勤務時間の一部について勤務しないことを認める修学部分休業では対応できないものが対象になります。

また、配偶者同行休業は、職員が3年以内の一定期間中、外国で勤務等をする配偶者と生活を共にするために休業することを認める制度です。

そして、大学院修学休業は、教育公務員が一定の要件の下に、大学院等の課程を履修するために休業することを認める制度です。

㊷ 育児休業

育児休業は、仕事と育児を両立させ、労働者の福祉の増進を図るための制度です。地方公務員に認められる育児休業の具体的な内容については、「地方公務員の育児休業等に関する法律」（平成3年法律第110号）に規定されています。

常勤職員は、男女を問わず、3歳未満の子を養育するため休業することができます。職員から育児休業の承認請求があった場合、任命権者は原則として承認しなければなりません。また、育児休業を理由として不利益な取扱いをしてはならないこととされています。

任命権者は、育児休業した職員の業務を、他の職員の配置換え等に

よって処理することが困難である場合には、任期を定めた採用・臨時的任用を行うことができます。

また、小学校入学前の子を養育するための、育児短時間勤務の制度も規定されています。これは、1日当たりの勤務時間を通常よりも短くしたり、週休日を4日にするなど、幾つかのパターンの中から職員が選択した短時間の勤務形態を認めるものです。給与は勤務時間に応じた額に調整されます。

任命権者は、育児短時間勤務職員の業務を処理するため必要がある場合には、短時間勤務職員を採用することができます。

さらに、小学校入学前の子を養育するため、1日の勤務時間の一部（2時間以内）について部分休業することも認められています。

なお、非常勤職員については、常勤職員よりも短い期間の育児休業・部分休業が認められています。

図19 育児休業等を取得できる期間

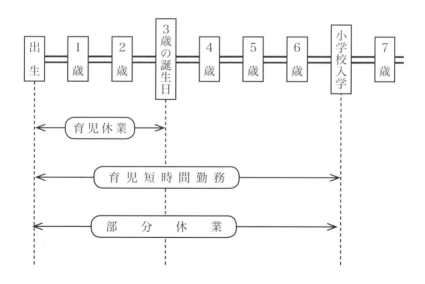

📖 条文をチェック！

（修学部分休業）

第26条の２ 任命権者は、職員（臨時的に任用される職員その他の法律により任期を定めて任用される職員及び非常勤職員を除く。以下この条及び次条において同じ。）が申請した場合において、公務の運営に支障がなく、かつ、当該職員の公務に関する能力の向上に資すると認めるときは、条例で定めるところにより、当該職員が、大学その他の条例で定める教育施設における修学のため、当該修学に必要と認められる期間として条例で定める期間中、１週間の勤務時間の一部について勤務しないこと（以下この条において「修学部分休業」という。）を承認することができる。

２ 前項の規定による承認は、修学部分休業をしている職員が休職又は停職の処分を受けた場合には、その効力を失う。

３ 職員が第１項の規定による承認を受けて勤務しない場合には、条例で定めるところにより、減額して給与を支給するものとする。

４ 前３項に定めるもののほか、修学部分休業に関し必要な事項は、条例で定める。

（休業の種類）

第26条の４ 職員の休業は、自己啓発等休業、配偶者同行休業、育児休業及び大学院修学休業とする。

２ （略）

●地方公務員の育児休業等に関する法律

（育児休業の承認）

第２条 職員（第18条第１項の規定により採用された同項に規定する短時間勤務職員、臨時的に任用される職員その他その任用の状況がこれらに類する職員として条例で定める職員を除く。）は、任命権者（中略）の承認を受けて、当該職員の子を養育するため、当該子が３歳に達する日（非常勤職員にあっては、当該子の養育の事情に応じ、１歳に達する日から１歳６か月に達する日までの間で条例で定める日）まで、育児休

業をすることができる。ただし、当該子について、既に育児休業（当該
子の出生の日から国家公務員の育児休業等に関する法律（中略）第3条
第1項ただし書の規定により人事院規則で定める期間を基準として条例
で定める期間内に、職員（中略）が当該子についてした最初の育児休業
を除く。）をしたことがあるときは、条例で定める特別の事情がある場
合を除き、この限りでない。

2・3　（略）

●地方公務員の育児休業等に関する法律
（育児休業の効果）

第4条　育児休業をしている職員は、育児休業を開始した時就いていた職
　又は育児休業の期間中に異動した職を保有するが、職務に従事しない。

2　育児休業をしている期間については、給与を支給しない。

ザ・コラム

■ 育児休業制度の発展

　育児休業について初めて立法されたのは「義務教育諸学校等の女子教育
職員及び医療施設、社会福祉施設等の看護婦、保母等の育児休業に関する
法律」（昭和50年法律第62号）でした。当初は女性教員・看護婦・保母の
3職種の公務員に限って育児休業が制度化されたのです。

　その後、女性の社会進出の進展などとも相まって、仕事と育児を両立さ
せるための環境整備の必要性への要請が高まった結果、「育児休業等に関
する法律」（平成3年法律第76号）が制定され、男女を問わず広く民間労
働者に育児休業が認められるようになりました。この法律の制定に合わせ
て、国家公務員については「国家公務員の育児休業等に関する法律」（平
成3年法律第109号）が、地方公務員については「地方公務員の育児休業
等に関する法律」が制定されたのです。

　その後これらの法律は、対象となる子の年齢の引き上げなど、仕事と育
児の両立支援を一層強化する方向で幾度も改正がなされてきています。

分限及び懲戒の意義

ポイント

Local Public Service Act

- ㊺ 分限処分は公務能率の維持を目的として不利益な身分変動を与えるもの、懲戒処分は義務違反に対する責任を問うもの。
- ㊻ 分限・懲戒は、法律に基づく事由がない限り不利益処分を受けることはない、という身分保障としての意義を有する。
- ㊼ 1つの事実について分限処分と懲戒処分を重ねて行うことも可能。

㊺ 分限処分と懲戒処分

　地方公共団体の職員に公務を遂行させるに当たって、その能率を維持し、あるいは秩序を維持するために、職員に処分を与えることが必要となる場合があります。地方公務員法では、職員本人の意思と関係なく不利益な処分をなし得る制度として、分限及び懲戒について定めています。

　まず、分限処分とは、公務能率を維持することを目的として、一定の事由がある場合に職員の意に反して不利益な身分上の変動を与えることです。公務の能率を維持し、適正な行政運営を確保するために行われるものです。

　一方、懲戒処分とは、公務における規律と秩序を維持するために、一定の義務違反に対する責任を問うことです。職員個人が公務員としてふさわしくない非違行為を行った場合に、それに対して道義的責任を追及するための制裁として科される性格のものです。

20 分限及び懲戒の意義 ⑨95

分限処分・懲戒処分ともに、行政庁が法律に基づいて一方的な判断により相手方に法的地位の変動を与える行政行為です。このような行政庁の処分は、特定の規定のない限り、意思表示の一般的法理に従い、その意思表示が相手方に到達したとき、すなわち、辞令書の交付その他公の通知によって、相手方が現実にこれを了知し、又は、その意思表示が相手方の了知し得べき状態に置かれたときに、その効果を生ずるものと解されています（最判昭29.8.24）。

㊾　身分保障としての意義

分限及び懲戒は、職員の身分に直接関わるものですから、不当な外部勢力からの圧力を受けたり、恣意的な処分が行われたりするようなことがあってはなりません。

地方公務員法においても、平等取扱の原則（☞ Part 6 ）に加えて、全て職員の分限及び懲戒については公正でなければならないという原則が明記されています。

さらに、地方公務員法又は地方公務員法の規定に基づく条例で定める事由による場合でなければ、分限処分・懲戒処分を受けることはないと定めています。

つまり、法律に基づく事由がない限り、本人の同意もなく一方的に不利益な処分を与えられることがないようにすることで、職員の身分を保障しているのです。このように、分限及び懲戒に関する規定は、職員の身分保障としての意義を有しています。

地方公務員法において「分限」という語は、公務員の身分保障を前提としつつ、ある一定の事由に該当する場合には身分保障の対象から外すという形で、職員の身分保障の限度を定めることを意味するものということができます。

㊿　分限と懲戒の関係

分限と懲戒は、職員の身分保障としての意義を有している点で共通する制度ですが、その目的は異なるものです。

したがって、職員のある行為が、分限処分の事由に該当するとともに懲戒処分の事由にも該当するという場合には、いずれか一方の処分を行うだけでなく、両方の処分を重ねて行うことも可能です。

もちろん、どの処分を選択するかは、任命権者がその目的に照らして適切に判断しなければなりません。したがって、ある事実について行った分限処分が無効とされたときに、その効力を維持するために懲戒処分に転換する、というようなことは認められません。

なお、分限及び懲戒は地方公務員法の規定に基づいて任命権者が行う権限を有するものであり、刑法などの法令に基づいて科される刑罰とは性質が異なるものですので、刑罰を受けた職員に分限処分や懲戒処分を重ねて行うことも可能です。

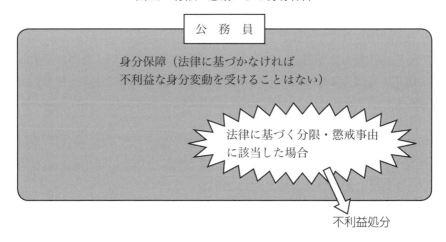

図20　分限・懲戒による身分保障

📖 条文をチェック！

（分限及び懲戒の基準）
第27条　すべて職員の分限及び懲戒については、公正でなければならない。

2 　職員は、この法律で定める事由による場合でなければ、その**意に反して**、降任され、若しくは免職されず、この法律又は条例で定める事由による場合でなければ、その意に反して、休職されず、又、条例で定める事由による場合でなければ、その意に反して降給されることがない。
3 　職員は、この法律で定める事由による場合でなければ、懲戒処分を受けることがない。

解説　「意に反して」とは、「同意を要しないで一方的に」という意味であると解されています。

依願退職・勧奨退職

　職員は、法律に基づく事由がない限り、自らの意思によらず一方的に不利益な処分を受けることはない、という身分保障を受けています。したがって、自らの意思によらず退職することになるのは、分限処分や懲戒処分を受けたときなど、法律に規定された事由があった場合に限られます。

　一方、職員自らの意思に基づいて退職する依願退職は、身分保障の対象となるものでもなく、法律上の規定もありませんが、職員を離職させる行政処分によって行われるものと解されています。したがって、退職願は本人の意思を確認するための行為にすぎないので、行政処分である免職辞令交付がなされるまでは、信義に反すると認められるような特段の事情がない限り、撤回することは自由であるとされています（最判昭34．6．26）。

　なお、勧奨退職（いわゆる肩たたき）についても、当局による勧奨は本人に自らの意思に基づく退職の申出をさせるための誘因にすぎず、その法的性質は依願退職と同様のものと解されています。

Part 21

分限処分の内容

ポイント

Local Public Service Act

(61) 降任・免職処分の事由は法律で定めるものに限られており、職員が適格性を欠く場合と廃職・過員を生じた場合がある。
(62) 処分事由の有無の判断については、任命権者に一定の範囲で裁量が認められる。
(63) 休職処分の事由は法律又は条例で定められるが、法律では心身の故障の場合と起訴された場合を定めている。

(61) 降任・免職

分限処分には、降任、免職、休職、降給の４種類があります。

このうち、降任とは、より下位の職に任命することであり、職員を任命する方法の一つですが（☞ Part 8）、職員に不利益な身分上の変動を与えるものであるため、分限処分の一つとされています。また、免職とは、職を失わせる処分です。

職員を降任・免職処分とする事由については、地方公務員法で定めるものに限られています。具体的には第28条第１項に限定列挙されていますが、①人事評価又は勤務の状況を示す事実に照らして勤務実績が良くなかったり、心身の故障のため職務の正常な遂行ができないなど、当該職員がその職に必要な適格性を欠く場合、②当該職員の属する地方公共団体で廃職・過員を生じた場合、の２つに大別されます。

21　分限処分の内容　(99)

㉒　事由該当の判断

　地方公務員法に限定列挙されている降任・免職処分の事由は抽象的な書きぶりですので、実際に降任・免職処分の事由に該当するかどうかは、個々の具体的な事案ごとに任命権者が判断することになります。例えば「その職に必要な適格性を欠く場合」とは、当該職員の簡単に矯正することのできない持続性を有する素質・能力・性格等に基因して、その職務の円滑な遂行に支障があり、又は支障を生ずる高度の蓋然性が認められる場合をいうものと解されていますが、そのような適格性があるかないかは、人事評価等により、当該職員の外部に顕れた行動・態度に照らし合わせて判断することになります。

　もちろん、処分事由の有無について任命権者が恣意的に判断することは許されず、合理性をもつ判断として許容される限度を超えたときは違法となります。ただし、免職の判断については特に厳密・慎重であることが要求されるのに対し、降任については裁量的判断を加える余地を比較的広く認めても差し支えないものと解されています（最判昭48. 9. 14）。

㉓　休職・降給

　次に、休職とは、一定期間職務に従事させない処分です。免職とは違って、休職期間中の職員も何らかの職を有していることになります（☞ Part 7 ）。

　職員を休職処分とする事由については、地方公務員法で定められているほか、各地方公共団体が条例で定めることも認められています。

　地方公務員法で定めている事由は、①心身の故障のため長期の休養を必要とする場合、②刑事事件に関して起訴された場合、の2つです。例えば、職員が病気等のため休養が必要となった場合、短期間であれば病気休暇（☞ Part 18 ）を取得すればよいのですが、長期に及ぶ場合には休職となります。休職させても職務を正常に遂行できない場合は降任・免職処分をすることになります。

　なお、法律や条例で定めていない理由に基づいて職員の側から休職を

申し出る、いわゆる依願休職については、法律上の規定はありませんが、職員本人が休職を希望し、任命権者が休職処分の必要を認めて依願休職処分をした場合は有効とされています（最判昭35.7.26）。

最後に、降給とは、より低い額の給料に決定する処分です。職員を降給処分とする事由については、条例で定めることとされています。

なお、分限の手続及び効果については、条例で定めなければなりません。

図21　分限処分の事由等の定め方

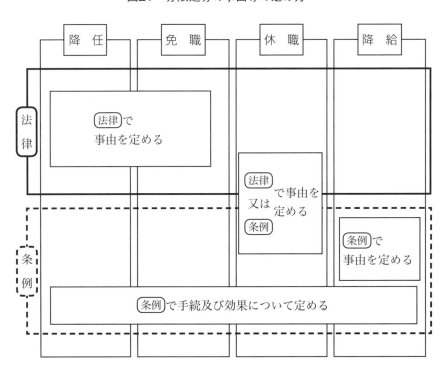

📖 条文をチェック！

（降任、免職、休職等）
第28条　職員が、次の各号に掲げる場合のいずれかに該当するときは、その意に反して、これを降任し、又は免職することができる。
(1) 人事評価又は勤務の状況を示す事実に照らして、勤務実績がよくない場合
(2) 心身の故障のため、職務の遂行に支障があり、又はこれに堪えない場合
(3) 前2号に規定する場合のほか、その職に必要な適格性を欠く場合
(4) 職制若しくは**定数**の改廃又は**予算の減少**により廃職又は過員を生じた場合

2　職員が、左の各号の一に該当する場合においては、その意に反してこれを休職することができる。
(1) 心身の故障のため、長期の休養を要する場合
(2) 刑事事件に関し起訴された場合

3　職員の意に反する降任、免職、休職及び降給の手続及び効果は、法律に特別の定がある場合を除く外、条例で定めなければならない。

4　（略）

　「定数」とは法令の根拠に基づいて決定された職員数を指すものと解され、また「予算の減少」とは予算の絶対額の積極的減少だけではなく、予算額算定の基礎が変更されたため当初予算額によって支弁されるべき職員数等の減少を余儀なくされた場合をも含むものと解されています。

ザ・コラム

行政整理による分限免職

　地方公務員法第28条第1項に列挙された降任・免職処分の事由のうち、第1号から第3号は職員本人に原因があるものであるのに対して、第4号はいわゆる行政整理と呼ばれるものであり、専ら地方公共団体に原因があるものです。したがって、第4号に基づく免職処分は特に慎重に行われる必要があります。

　例えば、配置転換が比較的容易であるにもかかわらず、配置転換の努力を尽くさずに分限免職処分をしたような場合は、任命権者の権利の濫用となる場合があります。

　また、どの職員を免職の対象として選定するかは任命権者の裁量に委ねられていますが、平等取扱いの原則や公正の原則にのっとる必要があります。例えば、地方公務員法第28条第1項第1号から第3号に照らして対象者を選定することなどが考えられます。

　なお、行政整理により免職された者が再び採用されるときは、優先的な取扱いを受けられる旨の特例を定めることができることとされています。

22 定年退職と再任用

定年退職と再任用

ポイント

- ㉔ 職員は、条例で定めた定年退職日に、自動的に職員としての身分を失う。
- ㉕ 再任用職員は、1年を超えない範囲内で任期を定め、任命権者が従前の勤務実績等に基づいて選考する。
- ㉖ 短時間勤務の職への再任用職員も本格的な業務に従事する。

㉔ 定年退職

　職員は、分限及び懲戒の規定により身分保障を受けていますが、分限・懲戒処分以外に本人の意思によらない離職形態として、定年による退職が規定されています。

　定年制は、一定の年齢に達した職員を自動的に退職させることによって、組織の新陳代謝を進めて計画的な人事管理を確保し、適正な行政運営を図る仕組みです。

　職員は、定年退職日に自動的に職員としての身分を失い、退職します。これは地方公務員法第28条の2第1項の規定から直接生じる効果であり、任命権者による処分は必要ありません。ただし、定年退職日については、定年の年齢に達した日以後における最初の3月31日までの間において条例で定めるものとされており、各地方公共団体があらかじめ条例で定めておく必要があります。

　また、定年の年齢は国家公務員の定年を基準として条例で定めることとされています。国家公務員の定年は原則として60歳ですので、地方公務員の定年も原則として60歳とすることになります。

なお、職務・責任の特殊性や欠員補充の困難性により、国家公務員の定年を基準として定めることが実情に即さない場合は、条例で別の定年を定めることができます（特例定年）。また、定年に達した特定の職員について、その職務の特殊性や職務遂行上の特別の事情からみて、退職により公務の運営に著しい支障が生じる場合は、条例で定めるところにより、引き続きその職務に従事させることができます（勤務延長）。ただし、特例定年も勤務延長も、例えば離島その他の著しく不便な地に所在する病院・診療所に勤務する医師など、極めて例外的な場合に限って認められるものとされています。

㉕　再任用制度

高齢化社会に対応して、定年退職者等を、任期を定めて再び採用する再任用制度が設けられています。

一旦退職した者を改めて採用するのですから、地方公務員法の任用の根本基準（☞ Part 7 ）に従って、改めて選考をすることになります。ただし、人事委員会を置く地方公共団体であっても、退職前の勤務実績をよく把握している任命権者が選考することとされています。また、条件付採用の規定は適用されません。

再任用職員の任期については、高齢職員の意欲・能力の変化が大きいこと等を考慮し、最長1年を単位として設定するものとされています。ただし、1年を超えない範囲内で更新していくことが認められています。

再任用職員も、基本的には退職前の職員と同様に地方公務員法の規定に基づく取扱いを受けることになります。ただし、給料については、新たに初任給の決定を行い、独自の給与体系に基づいて支給されることになります。また、支給される手当の種類も限定されるのが通常です。

㉖　常勤職と短時間勤務の職

再任用には、「常時勤務を要する職」への採用と、「短時間勤務の職」への採用の2種類があります。

「短時間勤務の職」は、勤務時間が「常時勤務を要する職」に比べて短いだけであり、職務内容は「常時勤務を要する職」と同様の本格的な事務に従事するものです。短時間の勤務形態を希望する高齢職員に配慮し、効率的な業務運営を図るために設けられた制度です。

　なお、「短時間勤務の職」の具体的な勤務時間については各地方公共団体において条例で定めることになりますが、国家公務員が短時間勤務の官職に採用された場合の勤務時間が週15時間30分から31時間の範囲内で定められていることと均衡を図る必要があります。

図22　様々な退職

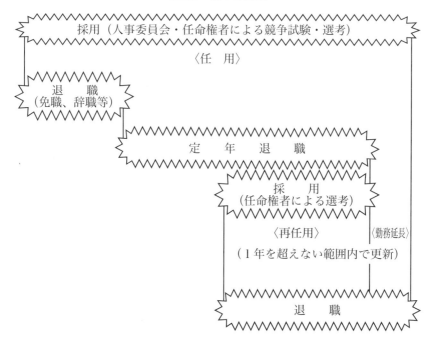

条文をチェック！

（定年による退職）

第28条の2 職員は、定年に達したときは、定年に達した日以後における最初の3月31日までの間において、条例で定める日（以下「定年退職日」という。）に退職する。

2 前項の定年は、国の職員につき定められている定年を基準として条例で定めるものとする。

3 前項の場合において、地方公共団体における当該職員に関しその職務と責任に特殊性があること又は欠員の補充が困難であることにより国の職員につき定められている定年を基準として定めることが実情に即さないと認められるときは、当該職員の定年については、条例で別の定めをすることができる。この場合においては、国及び他の地方公共団体の職員との間に権衡を失しないように適当な考慮が払われなければならない。

4 前3項の規定は、臨時的に任用される職員その他の法律により任期を定めて任用される職員及び非常勤職員には適用しない。

（定年による退職の特例）

第28条の3 任命権者は、定年に達した職員が前条第1項の規定により退職すべきこととなる場合において、その職員の職務の特殊性又はその職員の職務の遂行上の特別の事情からみてその退職により公務の運営に著しい支障が生ずると認められる十分な理由があるときは、同項の規定にかかわらず、条例で定めるところにより、その職員に係る定年退職日の翌日から起算して1年を超えない範囲内で期限を定め、その職員を当該職務に従事させるため引き続いて勤務させることができる。

2 （略）

（定年退職者等の再任用）

第28条の4 任命権者は、当該地方公共団体の定年退職者等（中略）を、従前の勤務実績等に基づく選考により、1年を超えない範囲内で任期を定め、常時勤務を要する職に採用することができる。ただし、その

者がその者を採用しようとする職に係る定年に達していないときは、この限りでない。

2　前項の任期又はこの項の規定により更新された任期は、条例で定めるところにより、１年を超えない範囲内で更新することができる。

3〜5　（略）

第28条の5　任命権者は、当該地方公共団体の定年退職者等を、従前の勤務実績等に基づく選考により、１年を超えない範囲内で任期を定め、短時間勤務の職（当該職を占める職員の１週間当たりの通常の勤務時間が、常時勤務を要する職でその職務が当該短時間勤務の職と同種のものを占める職員の１週間当たりの通常の勤務時間に比し短い時間であるものをいう。第３項及び次条第２項において同じ。）に採用することができる。

2・3　（略）

ザ・コラム

定年制の導入

　地方公務員法制定当初は、法定の事由によらない限り本人の意思に反して離職することはないとされていることから、法律に規定のない定年制を導入することはできないと解されていました。

　その後、定年制導入の要望が強まり、政府の調査会における検討等を経て、昭和56年に国家公務員法と地方公務員法が改正されて定年制に関する規定が設けられ、昭和60年から国及び全ての地方公共団体において定年制が実施されるようになりました。

　現在は国・地方公共団体ともに定年は原則として60歳ですが、年金支給開始年齢の引き上げに伴い、65歳までの定年延長について検討が行われています。

Part 23

懲戒処分の内容

ポイント

Local Public Service Act

> ㉖ 懲戒処分の事由は法律で定めるものに限られており、法令違反、職務上の義務違反、全体の奉仕者たるにふさわしくない非行、の３つ。
> ㉗ いかなる懲戒処分を行うかは任命権者の裁量に任されるが、裁量権の濫用と認められる場合は違法となる。
> ㉘ 出向等のため一旦退職した後復職した職員に対して、退職前の非違行為を事由として懲戒処分をすることができる。

㉖ 懲戒処分の事由

　分限処分の事由については、処分の種類に応じて、法律で定めるものに限られる場合と条例でも定められる場合がありますが（☞ Part 21 ）、懲戒処分の事由は法律で定めるものに限られています。これは、懲戒処分が分限処分と比べて職員に対してより不利益な処分であることから、処分事由を法律で定めるものに限定して、職員の身分保障をより強固にしているのです。

　法律で定めている懲戒処分の事由は３つあります。

　まず、法令に違反した場合です。国が定める法令だけではなく、地方公共団体が定める条例、規則、規程に違反した場合も含まれます。

　次に、職務上の義務違反があった場合です。職務上の命令に従わなかったり、職務を怠った場合などです。

　最後に、全体の奉仕者たるにふさわしくない非行があった場合です。

刑罰を受けるような行為をした場合をはじめ、公務員としてふさわしくないと客観的に認められることをした場合です。

⑱ 懲戒処分の種類

　地方公務員法は、懲戒処分の種類として、戒告、減給、停職、免職の4つを規定しています。

　戒告とは、職員の責任を確認し、その将来を戒めるものです。減給とは、一定期間、職員の給料の一定割合を減額するものです。停職とは、職員を一定期間職務に従事させず、その間の給料を支給しないものです。免職とは、職員としての身分を失わせるものです。

　法律の規定に基づくこれら4種類の処分ではなく、例えば、訓告を行うというようなことは、それが懲戒処分としての制裁的実質を備えるものであれば許されないと解されています。

　分限処分では、処分の種類ごとに処分事由が定められていますが、懲戒処分では、全ての種類の処分について処分事由は共通です。任命権者は、職員に上記の3つの処分事由のいずれかがあると認めた場合、その非違行為の違法性の程度、職員の責任の程度、情状などについて、広範な事情を総合的に考慮した上で、4種類の懲戒処分のうちいずれか最も適当なものを選択することになります。

　いかなる懲戒処分を行うかは任命権者の裁量に任されていますが、その裁量が恣意的になってはならないことは当然です。処分が社会観念上著しく妥当性を欠き、裁量権を濫用したと認められる場合には違法となるとされています（最判昭52.12.20）。

　なお、懲戒の手続及び効果については条例で定めることとされていますが、解雇予告等、労働基準法上の制限があることに注意する必要があります。

⑲ 退職出向後復職職員への懲戒処分

　職員が、任命権者からの要請に応じて、一定期間特別職地方公務員に在職したり、人事交流により国や他の地方公共団体、地方公社などに出

向したりするために一旦退職し、その後復職した場合には、退職した時点で任用関係は中断していますが、退職前の非違行為を事由として、復職後に懲戒処分をすることが認められています。

また、定年退職者等が再任用された場合（☞ Part 22）にも、退職前の非違行為を事由として、再任用後に懲戒処分をすることが認められています。

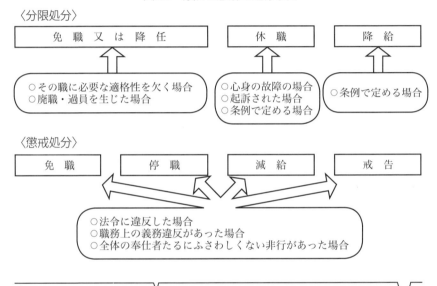

図23　分限と懲戒の処分事由

条文をチェック！

（懲戒）
第29条　職員が次の各号の一に該当する場合においては、これに対し懲戒処分として戒告、減給、停職又は免職の処分をすることができる。
(1)　この法律若しくは第57条に規定する特例を定めた法律又はこれに基く条例、地方公共団体の規則若しくは地方公共団体の機関の定める規程に違反した場合
(2)　職務上の義務に違反し、又は職務を怠つた場合
(3)　全体の奉仕者たるにふさわしくない非行のあつた場合

23 懲戒処分の内容 ⑪

2 職員が、任命権者の要請に応じ当該地方公共団体の特別職に属する地方公務員、他の地方公共団体若しくは特定地方独立行政法人の地方公務員、国家公務員又は地方公社（中略）その他その業務が地方公共団体若しくは国の事務若しくは事業と密接な関連を有する法人のうち条例で定めるものに使用される者（以下この項において「特別職地方公務員等」という。）となるため退職し、引き続き特別職地方公務員等として在職した後、引き続いて当該退職を前提として職員として採用された場合（中略）において、当該退職までの引き続く職員としての在職期間（中略）中に前項各号のいずれかに該当したときは、これに対し同項に規定する懲戒処分を行うことができる。

3 職員が、第28条の4第1項又は第28条の5第1項の規定により採用された場合において、定年退職者等となつた日までの引き続く職員としての在職期間（中略）又はこれらの規定によりかつて採用されて職員として在職していた期間中に第1項各号の一に該当したときは、これに対し同項に規定する懲戒処分を行うことができる。

4 職員の懲戒の手続及び効果は、法律に特別の定がある場合を除く外、条例で定めなければならない。

ザ・コラム

■ 懲戒処分の内容の決定

　懲戒処分の内容の決定は任命権者の広範な裁量に委ねられていますが、その決定に当たっては公正かつ慎重な判断が必要であることは言うまでもありません。

　例えば、ある非違行為を行った職員に対して懲戒処分を行うに当たり、その職員の普段の勤務成績が良いとか、人望が厚いということで情状酌量するのはどうでしょうか。懲戒処分は特定の非違行為について道義的責任を問うものであり、その職員の普段の勤務態度がどうであるかということと直接関係はないはずです。

　必ずしも公正とはいえない処分を一度してしまうと、その後類似の事案に対して処分をするときに新たな不公平を生むことになる可能性があることを忘れてはなりません。

Part 24

服務の根本基準

ポイント

Local Public Service Act

⑦ 公務を適正に執行し、公務に対する住民の信頼を確保するために服務が課される。

⑦ 職員は、全体の奉仕者として公共の利益のために勤務しなければならない。

⑦ 職員となった者は、条例の定めにより服務の宣誓をしなければならない。

⑦ 服務の意義

　地方公務員法第3章第6節は、職員の服務について規定しています。

　服務とは、職務に従事する者が守らなければならない義務や規律のことを言います。

　民間の雇用関係においても、多数の労働者が就業する職場における効率的な事業経営を図るため、就業規則などの形で労働者の服務について定められるのが一般的です。

　一方、公務員の場合は、効率的な業務遂行という目的に加えて、その職務の公共性という観点から、公務を適正に執行し、公務に対する住民の信頼を確保するために服務が課されます。そのため、公務員に課される服務の内容として、高い倫理性が求められるとともに、基本的人権の制約に触れるようなものも含まれることになります。

　このような性質に鑑みて、公務員の服務については基本的に法律で内容が定められています。

⓲ 全体の奉仕者

　国の最高法規である日本国憲法は、公務員について定めた第15条の中で、「すべて公務員は、全体の奉仕者であつて、一部の奉仕者ではない」と規定しています。この規定は、天皇に対して忠順に勤勉すべきものとされていた大日本帝国憲法下の官吏と異なり、国民主権を掲げる現憲法下においては公務員は国民のために奉仕しなければならないことを意味しています。それとともに、公務員は特定の党派など一部の利益のために奉仕するのではなく、国民全体の利益のために奉仕しなければならないことを示しています。

　この憲法の規定を受けて、国家公務員法及び地方公務員法において、公務員の服務の根本基準として、すべて職員は全体の奉仕者として公共の利益のために勤務しなければならず、その職務遂行に当たっては全力を挙げて専念しなければならないと定められています。

　地方公共団体は、住民全体の信託を受けた政策を実施するために活動するのですから、その職務を担う職員は、一部ではなく住民全体に奉仕する者として、公共の利益のために勤務しなければなりません。

　このことから、職員は、一部の党派・利益団体等からの政治的圧力にゆがめられることなく、安定して職務を遂行できるよう、その身分が法律の規定によって保障されると同時に、服務として様々な義務や責任が課されることになります。

　地方公務員法では、第30条で服務の根本基準について定めた後、第31条以下の各条で職員が守るべき具体的な服務の内容について規定しています。ただし、これらの規定に抵触するかどうかにかかわらず、職員は服務の根本基準にのっとり、常に高い倫理精神を持って職務に当たらなければなりません。

⓳ 服務の宣誓

　全体の奉仕者として公共の利益のために勤務するものであるという公務員としての自覚を促すため、職員となった者は、服務の宣誓をしなければならないこととされています。

服務の宣誓は、地方公共団体ごとに条例の定めるところにより行われますが、新たに職員に任用されたときに宣誓書に署名する等の方法がとられています。

なお、この宣誓は職員となった者がしなければならないものであり、宣誓をすることが職員の任命要件となるものではありませんが、宣誓を拒否することは職務上の義務違反となり、懲戒処分の対象になり得るものと解されます。

図24　地方公務員の服務に関する規定

```
┌─────────────────────────────────────────┐
│ 日本国憲法                                │
│   すべて公務員は、全体の奉仕者であって、一部の奉仕者ではない │
└─────────────────────────────────────────┘
              ↓ （公務員の憲法尊重擁護義務）
┌─────────────────────────────────────────┐
│ 地方公務員法                              │
│ 第3章第6節                                │
│   服務の根本基準（第30条）                 │
│   職員は、全体の奉仕者として公共の利益のために勤務しなけ │
│   ればならない                            │
│   職務遂行に当たっては、全力を挙げて専念しなければならない │
│                                         │
│   個別具体的な服務の内容に関する規定（第31条〜第38条） │
└─────────────────────────────────────────┘
```

📖 条文をチェック！

●日本国憲法
第15条　公務員を選定し、及びこれを罷免することは、国民固有の権利である。
②　すべて公務員は、全体の奉仕者であつて、一部の奉仕者ではない。
③・④　（略）

 第1項は、あらゆる公務員の終局的任免権が国民にあるという国民主権の原理を表明し、国政を担当する公務員の権威が国民に由来するこ

とを明らかにするもので、必ずしも全ての公務員を国民が直接に選定し、罷免すべきだとの意味を有するものではないと解されています。

●日本国憲法
第99条 天皇又は摂政及び国務大臣、国会議員、裁判官その他の公務員は、この憲法を尊重し擁護する義務を負ふ。

（服務の根本基準）
第30条 すべて職員は、全体の奉仕者として公共の利益のために勤務し、且つ、職務の遂行に当つては、全力を挙げてこれに専念しなければならない。

（服務の宣誓）
第31条 職員は、条例の定めるところにより、服務の宣誓をしなければならない。

ザ・コラム

服務の宣誓の内容

　服務の宣誓については、国家公務員法においても規定されており、アメリカ合衆国の影響を受けて立法されたものと言われています。一般的に宣誓は宗教的な側面を有する場合もありますが、我が国における公務員の服務の宣誓については宗教的な意味合いはなく、専ら職員個人の自覚を促すことを目的とするものと解されています。

　宣誓の内容は、地方公共団体ごとに条例で定められますが、日本国憲法を尊重し擁護すること、全体の奉仕者として誠実公正に職務を遂行することなどを定めるのが通例です。さらに、地方公共団体によっては、その団体が目指す理念の下に職務を遂行すべきこと等に言及しているものも見られます。

　なお、警察職員や消防職員など、職種によってはその他の一般行政職員と若干異なる内容が定められるのが通例です。

Part 25

職務上の義務

ポイント

Local Public Service Act

- ⑦③ 指揮監督権限を有する上司から、権限の範囲内で<u>職務に関する</u>命令を受けた場合には、従わなければならない。
- ⑦④ 上司の職務命令には、<u>明白に違法なものでない限り</u>従わなければならない。
- ⑦⑤ 勤務時間中は、身体的にも精神的にも職務に専念しなければならない。

⑦③ 法令等及び上司の職務上の命令に従う義務

　地方公務員法は、服務の根本基準（☞ Part 24 ）を示した上で、職員が守らなければならない義務を具体的に列挙しています。これらの義務は、職務の遂行に関して守らなければならない「職務上の義務」と、公務員という身分を有している者が守らなければならない「身分上の義務」の2種類に分けることができます。

　このうち職務上の義務としては、法令等及び上司の職務上の命令に従う義務、職務に専念する義務、の2つが規定されています。

　法令等に従う義務は、法治主義の下で行政事務を遂行する公務員に当然に課されるものです。ここでいう法令等とは、職務の遂行に関するものに限られます。職員がその職務の遂行とは関係のない法令に違反した場合は、信用失墜行為等として懲戒処分の対象となることはあっても、ここでいう法令等に従う義務への違反にはなりません。

　また、上司の職務上の命令に従う義務は、行政の統一性・能率性を確保するために課されるものです。命令の形式は文書によると口頭による

25 職務上の義務 117

とを問いませんが、その内容は、職員を指揮監督する権限を有する上司から、その権限の範囲内で職員の職務に関して命じられるものに限られます。

したがって、職務と何ら関係のない事項について上司から命じられても、従う義務はありません。ただし、例えば名札の着用を命じる等、職員の身分に基づいて発せられる命令も、職務上必要があると認められる限り命じることができます。

⓹ 違法な命令を受けた場合

職員は、上司の職務上の命令に従わなければならないこととされていますが、その職務命令が違法なものであっても従わなければならないかどうかが問題になります。

これについて判例では、一見して明瞭な、形式的に適法性を欠くような場合には命令に従うことを拒否できるが、客観的に違法であることが明白でなく、実質的な内容に立ち入って審査しなければ容易に適法か違法か判明しないような場合には、たとえ職員が主観的に違法・不当と考えたとしても拒否することはできない、とされています（最判昭51.5.21）。

もっとも、そのような職務命令を受けた場合に、上司に対してそれに関する意見を述べることはできます。明白な違法性があるかどうかの判断は難しいこともありますので、まずは上司とよく話し合うことが必要です。

⓻ 職務に専念する義務

服務の根本基準（☞ Part 24 ）の一つとして、職務に専念しなければならないことが挙げられていますが、それを更に服務規定として具体化しているのが地方公務員法第35条です。

職員は、勤務時間の全てにおいて公務を優先させ、職員個々が有する能力を最大限に発揮して公務に従事しなければなりません。

勤務時間中は、身体的にも精神的にも職務に専念しなければならない

ものとされています。最高裁判所は、勤務時間中に反戦プレートを着用する行為について、身体活動の面だけから見れば作業の遂行に特段の支障が生じなかったとしても、精神活動の面から見れば注意力の全てが職務の遂行に向けられなかったものと解されるので、職務専念義務に違反するものと判示しています（最判昭52.12.13）。

なお、条例に基づく休日・休暇など、法律又は条例に定めがある場合には職務専念義務が免除されます。

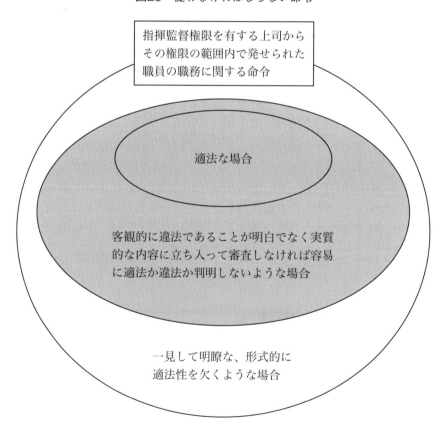

図25　従わなければならない命令

25 職務上の義務

条文をチェック！

（法令等及び上司の職務上の命令に従う義務）
第32条　職員は、その職務を遂行するに当つて、法令、条例、地方公共団体の規則及び地方公共団体の機関の定める規程に従い、且つ、上司の職務上の命令に忠実に従わなければならない。

（職務に専念する義務）
第35条　職員は、<u>法律又は条例に特別の定がある場合</u>を除く外、その勤務時間及び職務上の注意力のすべてをその職責遂行のために用い、当該地方公共団体がなすべき責を有する職務にのみ従事しなければならない。

解説　法律に定めがある場合としては、休職・停職処分を受けた場合、在籍専従の許可を受けた場合、勤務時間中に行われる職員団体と当局の適法な交渉に参加する場合などがあります。条例で定める場合としては、研修を受ける場合、厚生計画の実施に参加する場合などが考えられます。

ザ・コラム

県費負担教職員の服務

　市町村立小・中学校等の教職員は、都道府県が給与を負担することとされており、県費負担教職員と呼ばれています。
　県費負担教職員は、市町村教育委員会の内申を待って都道府県教育委員会が任命し、その勤務条件は都道府県の条例で定めることとされていますが、服務については市町村教育委員会が監督することとされています。県費負担教職員が職務を遂行するに当たっては、法令、市町村の条例・規則、市町村教育委員会の規則・規程に従い、市町村教育委員会その他職務上の上司の職務上の命令に忠実に従わなければならないこととされています。
　また、県費負担教職員の職務専念義務免除の承認も市町村教育委員会が行うものとされています。

Part 26 身分上の義務

ポイント

Local Public Service Act

- ⑯ 職務の遂行とは<u>直接無関係</u>であっても、公務に対する信用を失うような行為をしてはならない。
- ⑰ 職務執行上知り得た秘密は、<u>退職後</u>も漏らしてはならない。
- ⑱ 任命権者の許可を受けなければ、営利企業等に従事してはならない。

⑯ 信用失墜行為の禁止

　身分上の義務は、公務員という身分を有しているがゆえに守らなければならない義務です。したがって、公務員である限り、勤務時間中であるか勤務時間外であるかを問わず、常に守らなければならないものです。

　身分上の義務として、まず、信用失墜行為の禁止が挙げられます。

　これは、公務に対する信用を確保するために課される服務です。例えば、収賄など、職務に関連して非行を行うような行為をして、その職自体の信用を傷つけることが禁止されます。また、職員が地方公務員としての身分を有している以上、たとえ公務に直接関係のない私生活上の行為であっても、社会的に強い非難を受ける行為を行えば公務全体の信用が損なわれ、その後の公務の遂行に著しい障害が生じるおそれがありますので、不名誉となるような行為をしてはならないこととされているのです。

26 身分上の義務 (121)

⑰ 秘密を守る義務

次に、秘密を守る義務があります。これは、職務上知り得た秘密を漏らしてはならないというものです。

行政機関が有する情報の中には、公開すれば特定の者の利益や社会全体の秩序を損ねるものがあります。また、職員が職務上知り得た個人の秘密を漏らした結果、住民の行政に対する不信感を引き起こし、その後の行政運営に支障を来すおそれもあります。そのようなことを防ぐために、職員には秘密を守る義務が課されているのです。

ここでいう「秘密」とは、一般的に了知されていない事実であって、それを一般に了知させることが一定の利益の侵害になると客観的に考えられるものをいいます。

職員は、職務執行上知り得た秘密については、在職中のみならず、退職後も漏らしてはならないこととされています。

なお、法令に基づく証人や鑑定人になったような場合には、職務上知り得た秘密を公表することも許されます。ただし、その場合でも、職員の職務上の所管に属する秘密を公表する場合には、任命権者の許可を受けなければならないこととされています。

⑱ 営利企業等に関する制限

職員は、営利企業等に従事することも制限されています。これは、職員に職務専念義務（☞ Part 25 ）を全うさせるとともに、職員が特定の営利企業等に有利な行政運営を行うのを防ぎ、住民の行政に対する信頼を確保するためのものです。

具体的には、職員が営利企業等の役員になったり、自ら営利企業を営んだり、報酬を得て事業・事務に従事したりすることは、任命権者の許可を受けなければできないこととされています。

なお、任命権者の許可を受けた場合でも、それによって職務に専念する義務が免除されるわけではないので、勤務時間中に営利企業等に従事する際には年次有給休暇を取得する等の手続が必要になります。

また、離職後に営利企業等に再就職した元職員は、原則として、在職

していた地方公共団体と再就職先との間の契約・処分のうち離職前5年以内に就いていた職務に属するものに関して、離職後2年間、現職職員に対して職務上の行為をするように、又はしないように働きかけをすることが禁止されています。これも、職務の公正な執行と住民の行政に対する信頼を確保するための規制です。

　この規制に違反した元職員には過料又は刑罰が科せられます。また、元職員から働きかけを受けた職員は、人事委員会又は公平委員会にその旨を届け出なければならないこととされています。

　この規制に違反する行為が行われた疑いがある場合には、人事委員会又は公平委員会の監視の下で、任命権者が調査を実施することになります。

図26　秘密の概念

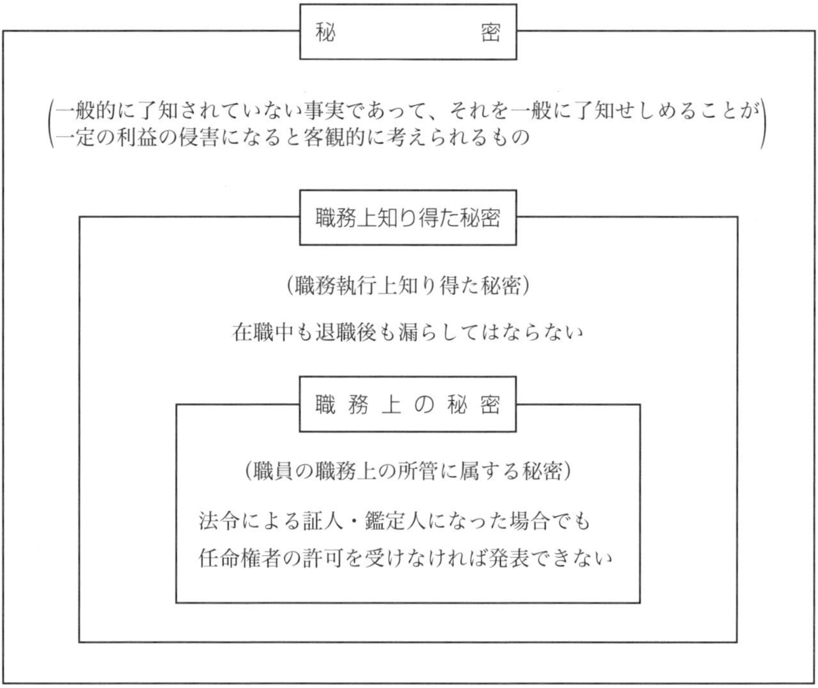

秘　　　　　密

（一般的に了知されていない事実であって、それを一般に了知せしめることが一定の利益の侵害になると客観的に考えられるもの）

職務上知り得た秘密

（職務執行上知り得た秘密）

在職中も退職後も漏らしてはならない

職　務　上　の　秘　密

（職員の職務上の所管に属する秘密）

法令による証人・鑑定人になった場合でも任命権者の許可を受けなければ発表できない

26　身分上の義務　123

📖 条文をチェック！

（信用失墜行為の禁止）

第33条　職員は、その職の信用を傷つけ、又は職員の職全体の不名誉となるような行為をしてはならない。

（秘密を守る義務）

第34条　職員は、職務上知り得た秘密を漏らしてはならない。その職を退いた後も、また、同様とする。

2　法令による証人、鑑定人等となり、職務上の秘密に属する事項を発表する場合においては、任命権者（退職者については、その退職した職又はこれに相当する職に係る任命権者）の許可を受けなければならない。

3　（略）

（営利企業への従事等の制限）

第38条　職員は、任命権者の許可を受けなければ、商業、工業又は金融業その他営利を目的とする私企業（以下この項及び次条第1項において「営利企業」という。）を営むことを目的とする会社その他の団体の役員その他人事委員会規則（人事委員会を置かない地方公共団体においては、地方公共団体の規則）で定める地位を兼ね、若しくは自ら営利企業を営み、又は報酬を得ていかなる事業若しくは事務にも従事してはならない。

2　人事委員会は、人事委員会規則により前項の場合における任命権者の許可の基準を定めることができる。

（再就職者による依頼等の規制）

第38条の2　職員（中略）であつた者であつて離職後に営利企業等（中略）の地位に就いている者（中略）は、離職前5年間に在職していた地方公共団体の執行機関の組織（中略）若しくは議会の事務局（中略）若しくは特定地方独立行政法人（中略）の職員若しくは特定地方独立行政法人の役員（中略）又はこれらに類する者として人事委員会規則（中略）で定めるものに対し、当該地方公共団体若しくは当該特定地方独立

行政法人と当該営利企業等若しくはその子法人（中略）との間で締結される売買、貸借、請負その他の契約又は当該営利企業等若しくはその子法人に対して行われる行政手続法（中略）第2条第2号に規定する処分に関する事務（中略）であつて離職前5年間の職務に属するものに関し、離職後2年間、職務上の行為をするように、又はしないように要求し、又は依頼してはならない。

2～8　（略）

ザ・コラム

教育公務員の営利企業への従事等の制限

　公立学校の教員などの教育公務員についても、地方公務員の身分を有するものであることから、営利企業等に従事することは制限されています。ただし、教育公務員の場合は、教育に関する他の職を兼ねたり教育に関する他の事業・事務に従事したりすることが本務の遂行に支障がないと任命権者が認める場合には、給与を受けてそれらの職や事業・事務に従事することができることとされており、他の一般行政職員と比べて制限が緩和されています。

　これは、それらの兼職・兼務によって、教員としての職務遂行に有意義な経験を積むことができると考えられるためです。また、長期休業期間等を利用すれば、本務に支障を来さずに兼職・兼務に必要な時間を確保することができることも理由に挙げられます。

Part 27

27 政治的行為の制限 ⑫

政治的行為の制限

ポイント

Local Public Service Act

⑲ 政党等の政治的団体の結成等に関与する行為をすること及び特定の政治的目的をもって一定の政治的行為をすることが禁止される。

⑳ 公務員の政治的行為の禁止は、合理的で必要やむを得ない限度にとどまるものである限り、違憲ではない。

㉑ 教育公務員は、政治的行為について国家公務員と同じく比較的厳しい内容の制限が課されている。

⑲ 政治的行為の制限の内容

地方公務員法は、職員の身分上の義務の一つとして、政治的行為の制限について定めています。この規定は、職員は全体の奉仕者であって一部の奉仕者ではない、という服務の大原則（☞ Part 24 ）に基づき、職員の政治的中立性を保障することによって、地方公共団体の行政の公正な運営を確保するとともに、人事が政治的圧力によってゆがめられることのないよう職員の利益を保護するためのものです。

具体的には、①政党等政治的団体の結成に関与したり役員となったりすることや、これらの団体の構成員になるよう又はならないよう勧誘運動をすること、②特定の政治的目的をもって、投票の勧誘運動、署名運動への積極的な関与、寄附金等の募集への関与、文書図画の掲示など庁舎等の利用、その他条例で定める政治的行為をすること、が禁止されています。

なお、①については場所を問わず禁止されますが、②が禁止されるの

は、その職員の属する地方公共団体の区域内に限られます。ただし、文書図画の掲示など庁舎等を利用する行為だけは、その地方公共団体の区域外においても禁止されています。

　また、職員に限らず、全ての人が、禁止されている政治的行為を行うよう職員に求めたり、禁止されている政治的行為をするかどうかに関連して職員の地位に利益・不利益を与えようとすることを禁止されています。職員は、これらの違法な行為に応じなかったことを理由に不利益な取扱いを受けることはないものとされています。

⑧⓪　政治的行為の制限の合憲性

　政治的意見を表明することは、表現の自由について定める日本国憲法第21条による保障を受けるものです。そこで、公務員の政治的行為の制限がこれに抵触しないか問題になります。

　これに関して、最高裁判所は、行政の中立的運営を確保し、行政に対する国民の信頼を維持することも憲法の要請するところであるから、公務員の政治的行為を禁止することも、それが合理的で必要やむを得ない限度にとどまるものである限り、憲法の許容するところであると判示しています（最判昭49.11.6）。

　この判例では、合理的で必要やむを得ない限度にとどまるものであるか否かの判断に当たって、①禁止の目的、②この目的と禁止される政治的行為との関連性、③政治的行為を禁止することにより得られる利益と禁止することにより失われる利益との均衡、の3点から事案を検討して、いずれも正当・合理的なものであるとしています。

⑧①　政治的行為の制限に関する規定の適用

　公立学校の教育公務員については、教育を通じて国民全体に奉仕するという職務と責任の特殊性から、政治的行為の制限については国家公務員の例によることとされています。

　国家公務員は、国家公務員法に政治的行為の制限についての規定があるほか、人事院規則によってさらに広範な政治的行為の制限に関する規

定が置かれており、地方公務員よりも厳しい内容の制限が課されています。したがって、公立学校の教育公務員も他の一般行政職員と比べて厳しい内容の制限が課されることになります。また、政治的行為が制限される区域も全国に及ぶことになります。

一方、地方公営企業や特定地方独立行政法人の職員、単純労務職員については、原則として政治的行為の制限に関する規定は適用されません。これは、これらの職員が民間企業の労働者と類似の職務に携わるものであることによるものです。

図27　特定の目的をもった政治的行為

📖 条文をチェック！

（政治的行為の制限）

第36条　職員は、政党その他の政治的団体の結成に関与し、若しくはこれらの団体の役員となつてはならず、又はこれらの団体の構成員となるように、若しくはならないように勧誘運動をしてはならない。

2　職員は、特定の政党その他の政治的団体又は特定の内閣若しくは地方公共団体の執行機関を支持し、又はこれに反対する目的をもつて、あるいは公の選挙又は投票において特定の人又は事件を支持し、又はこれに反対する目的をもつて、次に掲げる政治的行為をしてはならない。ただし、当該職員の属する地方公共団体の区域（中略）外において、第1号から第3号まで及び第5号に掲げる政治的行為をすることができる。

(1)　公の選挙又は投票において投票をするように、又はしないように勧誘運動をすること。

(2)　署名運動を企画し、又は主宰する等これに積極的に関与すること。

(3)　寄附金その他の金品の募集に関与すること。

(4)　文書又は図画を地方公共団体又は特定地方独立行政法人の庁舎（中略）、施設等に掲示し、又は掲示させ、その他地方公共団体又は特定地方独立行政法人の庁舎、施設、資材又は資金を利用し、又は利用させること。

(5)　前各号に定めるものを除く外、条例で定める政治的行為

3　何人も前2項に規定する政治的行為を行うよう職員に求め、職員をそそのかし、若しくはあおつてはならず、又は職員が前2項に規定する政治的行為をなし、若しくはなさないことに対する代償若しくは報復として、任用、職務、給与その他職員の地位に関してなんらかの利益若しくは不利益を与え、与えようと企て、若しくは約束してはならない。

4　職員は、前項に規定する違法な行為に応じなかつたことの故をもつて不利益な取扱を受けることはない。

5　本条の規定は、職員の政治的中立性を保障することにより、地方公共団体の行政及び特定地方独立行政法人の業務の公正な運営を確保するとともに職員の利益を保護することを目的とするものであるという趣旨において解釈され、及び運用されなければならない。

「結成に関与」しさえすれば、実際にその政治的団体の結成が実現されることを要せず、結成が途中で失敗に終わった場合も含まれるものと解されています。

ザ・コラム

公職選挙法による制限

　公職選挙法（昭和25年法律第100号）は、選挙に関して公務員の一定の行為を禁止する規定を設けています。
　まず、原則として公務員は在職中に公職の候補者となることができません。在職中の公務員が立候補の届出をしたときは、その届出の日に公務員を辞職したものとみなされます。
　また、公務員はその地位を利用して選挙運動をすることができません。例えば、補助金交付対象者等に対してその権限に基づく影響力を利用したり、部下等に対して職務上の影響力を利用したり、官公庁の窓口で住民に接する公務員等がその機会を利用したりして、選挙運動や選挙運動準備行為等をすることが禁止されます。
　これらの行為は、公務員の服務上の問題であるとともに、選挙の自由公正を著しく害するものであることから、公職選挙法において規制されているのです。

福祉に関する制度

ポイント

Local Public Service Act

㉒ 地方公共団体は、保健や元気回復など厚生に関する事項について計画を立て、実施しなければならない。
㉓ 共済制度における給付には、保健給付などの短期給付と、退職共済年金などの長期給付がある。
㉔ 公務災害補償では、通勤途上の災害も補償の対象となっている。

㉒ 厚生制度

　地方公務員法第3章第8節では、職員が安心して職務に専念できるよう、職員の福祉及び利益の保護に関する規定が置かれています。

　まず、地方公共団体は、職員の保健、元気回復その他厚生に関する事項について計画を立て、実施しなければならないこととされています。

　保健に関する事項としては、診療所・保健室等の設置・運営、定期的な健康診断の実施などが挙げられます。元気回復に関する事項としては、保養施設の設置・運営や利用に対する便宜、体育大会などレクリエーション事業の実施などが挙げられます。また、その他厚生に関する事項としては、職員住宅の整備、職員の互助組織に対する補助などが挙げられます。

　その具体的な内容は、各地方公共団体の自主性に委ねられていますが、民間との均衡や財政負担なども考慮しながら、計画的に施策を実施する必要があります。

28 福祉に関する制度 (131)

㉘ 共済制度

　地方公務員法第43条は、職員や被扶養者の病気・死亡等に対する給付や、職員の退職年金に関して、法律によって共済制度を定めて実施しなければならないと規定しています。この規定に基づいて、地方公務員等共済組合法（昭和37年法律第152号）による共済制度が実施されています。

　共済制度の実施主体として、地方公共団体の種類や地方公務員の種類に応じて、市町村職員共済組合や公立学校共済組合など、様々な共済組合が設けられています。また、それらの共済組合を包含するものとして、地方公務員共済組合連合会などが組織されています。

　共済制度における給付は、民間における健康保険に相当する短期給付と、民間における厚生年金保険に相当する長期給付に分けられます。

　短期給付としては、療養の給付などの保健給付、休業手当金などの休業給付、弔慰金などの災害給付があります。また長期給付としては、退職共済年金、障害共済年金・障害一時金、遺族共済年金があります。

　これらの給付に係る費用は、原則として、組合員（常勤職員）の掛金と地方公共団体の負担金とで折半することとされています。

　なお、共済組合は、福祉事業として、組合員の保健・保養や財産管理・運用などに資する各種事業も行っています。

㉙ 公務災害補償

　地方公務員法第45条において、職員が公務により死亡、負傷、疾病等の災害を受けた場合における職員・遺族・被扶養者への補償に関して、法律によって制度を定めて実施しなければならないこととされています。この規定に基づいて、地方公務員災害補償法（昭和42年法律第121号）による公務災害補償制度が実施されています。

　地方公務員法上は、公務により受けた災害を補償するとされていますが、現在では通勤途上に受けた災害についても補償の対象とされています。また、職員が災害を受けたことについて地方公共団体に故意・過失があったかどうかは関係ありません。

この補償制度によって、療養などに要する現物給付や費用支給が行われるほか、給与を稼ぐ能力に生じた損失を補填するという考え方に基づき、平均給与額に一定の率を乗じた金額の支給などが行われます。具体的には、療養期間中の所得の喪失に対する休業補償、長期的・恒久的に所得能力を害された場合における傷病補償年金・障害補償、職員の死亡の場合における遺族補償などがあります。
　これら補償の実施主体として地方公務員災害補償基金が設けられ、職員からの補償の請求に基づく認定・支給などの業務を行っています。その費用は主に地方公共団体の負担金によって賄われています。

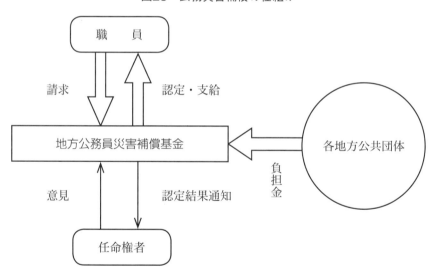

図28　公務災害補償の仕組み

条文をチェック！

（厚生制度）
第42条　地方公共団体は、職員の保健、元気回復その他厚生に関する事項について計画を樹立し、これを実施しなければならない。

28 福祉に関する制度 ⑬

（共済制度）
第43条　職員の病気、負傷、出産、休業、災害、退職、障害若しくは死
　　亡又はその被扶養者の病気、負傷、出産、死亡若しくは災害に関して適
　　切な給付を行なうための相互救済を目的とする共済制度が、実施されな
　　ければならない。
2　前項の共済制度には、職員が相当年限忠実に勤務して退職した場合又
　　は公務に基づく病気若しくは負傷により退職し、若しくは死亡した場合
　　におけるその者又はその遺族に対する退職年金に関する制度が含まれて
　　いなければならない。
3〜5　（略）
6　第1項の共済制度は、法律によつてこれを定める。

（公務災害補償）
第45条　職員が公務に因り死亡し、負傷し、若しくは疾病にかかり、若
　　しくは公務に因る負傷若しくは疾病により死亡し、若しくは障害の状態
　　となり、又は船員である職員が公務に因り行方不明となつた場合におい
　　てその者又はその者の遺族若しくは被扶養者がこれらの原因によつて受
　　ける損害は、補償されなければならない。
2　前項の規定による補償の迅速かつ公正な実施を確保するため必要な補
　　償に関する制度が実施されなければならない。
3　（略）
4　第2項の補償に関する制度は、法律によつて定めるものとし、当該制
　　度については、国の制度との間に権衡を失しないように適当な考慮が払
　　われなければならない。

●地方公務員等共済組合法
（設立）
第3条　次の各号に掲げる職員の区分に従い、当該各号に掲げる職員をも
　　つて組織する当該各号の地方公務員共済組合（次項に規定する都市職員
　　共済組合を含み、以下「組合」という。）を設ける。
　　(1)　道府県の職員（次号及び第3号に掲げる者を除く。）　地方職員共済
　　　組合

(2) 公立学校の職員並びに都道府県教育委員会及びその所管に属する教育機関（公立学校を除く。）の職員　公立学校共済組合

(3) 都道府県警察の職員　警察共済組合

(4) 都の職員（特別区の職員を含み、第2号及び前号に掲げる者を除く。）　都職員共済組合

(5) 地方自治法第252条の19第1項に規定する指定都市（以下「指定都市」という。）の職員（第2号に掲げる者を除く。）　指定都市ごとに、指定都市職員共済組合

(6) 指定都市以外の市及び町村の職員（第2号に掲げる者を除く。）　都道府県の区域ごとに、市町村職員共済組合

2〜4　（略）

ザ・コラム

地方公務員の退職年金制度

　地方公務員等共済組合法が制定される以前は、地方公務員の退職年金について統一的な制度はなく、地方公務員の種類に応じて恩給制度などが用いられていました。先行して制定された国家公務員共済組合法（昭和33年法律第128号）も参考としながら、地方公務員の退職年金などに関する統一的な共済制度を確立するものとして、昭和37年に地方公務員等共済組合法が制定・施行されたのです。

　その後、昭和61年からは国民年金制度が公務員や民間企業にも適用されるようになったため、共済制度による退職年金は、国民年金制度による基礎年金の上乗せ分を支給する制度となりました。

Part 29

29　利益の保護　135

利益の保護

ポイント

Local Public Service Act

　⑧⑤　措置要求を審査した人事委員会・公平委員会は、判定の結果に基づいて、権限を有する機関に対して必要な勧告を行う。

　⑧⑥　審査請求は、<u>人事委員会・公平委員会に対してのみ</u>、<u>不利益処分についてのみ</u>することができる。

　⑧⑦　不利益処分の取消しの訴えは、人事委員会・公平委員会の<u>裁決を経た後</u>でなければ提起できない。

⑧⑤　措置要求

　公務員としての権利を保障する手段として、職員には、勤務条件に関して地方公共団体の当局が適当な措置を執るよう、人事委員会・公平委員会に対して要求することが認められています。

　具体的には、給与、旅費、勤務時間、休日、休暇等の勤務条件に関して措置要求を行うことができます。一方、職員定数や予算の増減、人事評価などは、勤務条件とは考えられないので、措置要求の対象とすることはできません。

　勤務条件に関する措置要求があったときには、人事に関する専門機関である人事委員会・公平委員会が、口頭審理や書面審理などの方法で審査を行います。その結果、理由がないと判定した場合は要求を棄却し、理由があると判定した場合は、人事委員会・公平委員会の権限に属する事項については自ら措置を実行し、その他の事項については、長や行政委員会など当該事項に関して権限を有する機関に対して、条例や規則の改廃等、必要な措置を講じるよう勧告を行います。ただし、この勧告に

法的拘束力はありません。

　これらの措置要求の制度に関して必要な事項は、人事委員会規則・公平委員会規則で定めなければならないものとされています。

⑧⑥　審査請求

　懲戒処分や分限処分など不利益な身分取扱いを受けた職員は、人事委員会・公平委員会に対して、一定の期間内に審査請求をすることができます。

　審査請求は、行政不服審査法（平成26年法律第68号）で定められた手続であり、行政庁の違法又は不当な処分等に関して簡易迅速かつ公正な手続により権利利益の救済を図る制度です。ただし、職員に対する処分に関する審査請求については、専門的な審査を公正中立な立場から適正迅速に行わなければならないことから、その審査は人事委員会・公平委員会の専管事項とされており、また不利益処分以外の処分・不作為については審査請求の対象外とされています。

　不利益処分に関する審査請求があった場合には、人事委員会・公平委員会は速やかに自らの職権で審査しなければなりません。ただし、処分を受けた職員から請求があったときは、口頭審理を行ったり、その口頭審理を公開したりしなければなりません。

　そして、人事委員会・公平委員会は、審査の結果に基づいて、処分の承認・修正・取消しを行い、必要がある場合には不当な取扱いを是正するための指示をします。処分の修正又は取消しの裁決が行われたときは、任命権者の何らの処分を待つことなく、修正・取消しの効力が処分時に遡って生じることになります。

　なお、人事委員会・公平委員会は、任命権者の行った処分よりも重くする修正をすることはできません。

　審査請求の手続等に関して必要な事項は、人事委員会規則・公平委員会規則で定めることとされています。

29 利益の保護 137

❽❼ 審査請求前置主義

　行政庁の違法な処分に関する救済制度としては、行政不服審査法に基づく審査請求のほかに、行政事件訴訟法（昭和37年法律第139号）に基づく処分取消しの訴えがあり、審査請求をしないで直ちに訴えを提起してもよいのが原則です。ただし、職員に対する不利益処分については、まずは当該団体の内部で審査を行いその過程で適切な解決を行うべきものと考えられること、人事行政に関する公平中立な専門機関である人事委員会・公平委員会がまず審査を行うことが適当であると考えられることから、審査請求に対する人事委員会・公平委員会の裁決を経た後でなければ訴えを提起できないこととされています。

　なお、任命権者が人事委員会・公平委員会の裁決を不服として訴えを提起することはできません。

図29　審査請求と取消しの訴え

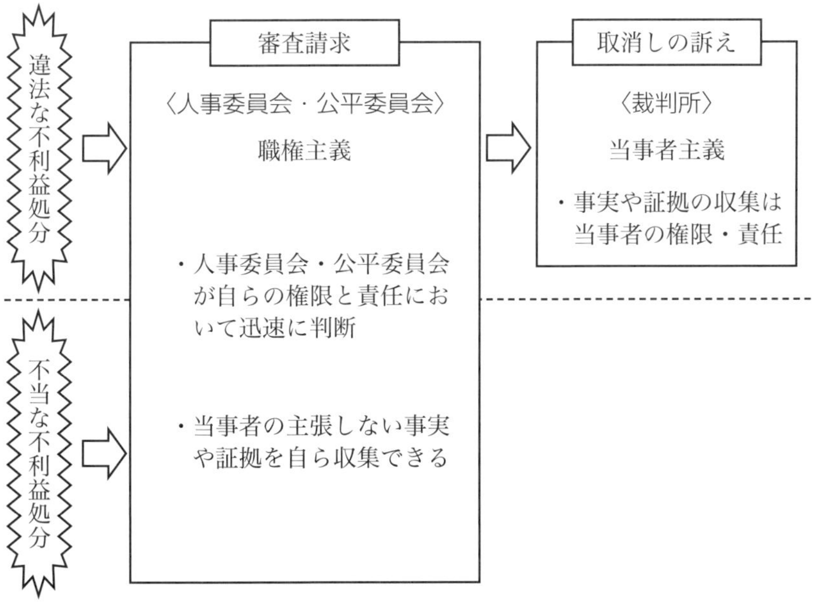

📖 条文をチェック！

（勤務条件に関する措置の要求）

第46条　職員は、給与、勤務時間その他の勤務条件に関し、人事委員会又は公平委員会に対して、地方公共団体の当局により適当な措置が執られるべきことを要求することができる。

解説　本条にいう「職員」には、退職者は含まれないと解されています。

（不利益処分に関する説明書の交付）

第49条　任命権者は、職員に対し、懲戒その他その意に反すると認める不利益な処分を行う場合においては、その際、その職員に対し処分の事由を記載した説明書を交付しなければならない。

2〜4　（略）

（審査請求）

第49条の2　前条第1項に規定する処分を受けた職員は、人事委員会又は公平委員会に対してのみ審査請求をすることができる。

2　前条第1項に規定する処分を除くほか、職員に対する処分については、審査請求をすることができない。職員がした申請に対する不作為についても、同様とする。

3　（略）

解説　本条にいう「職員」には、退職処分に関する限り退職者も含まれると解されています。

（審査請求期間）

第49条の3　前条第1項に規定する審査請求は、処分があつたことを知つた日の翌日から起算して3月以内にしなければならず、処分があつた日の翌日から起算して1年を経過したときは、することができない。

（審査及び審査の結果執るべき措置）

第50条 第49条の2第1項に規定する審査請求を受理したときは、人事委員会又は公平委員会は、直ちにその事案を審査しなければならない。この場合において、処分を受けた職員から請求があつたときは、口頭審理を行わなければならない。口頭審理は、その職員から請求があつたときは、公開して行わなければならない。

2　（略）

3　人事委員会又は公平委員会は、第1項に規定する審査の結果に基いて、その処分を承認し、修正し、又は取り消し、及び必要がある場合においては、任命権者にその職員の受けるべきであつた給与その他の給付を回復するため必要で且つ適切な措置をさせる等その職員がその処分によつて受けた不当な取扱を是正するための指示をしなければならない。

（審査請求と訴訟との関係）

第51条の2 第49条第1項に規定する処分であつて人事委員会又は公平委員会に対して審査請求をすることができるものの取消しの訴えは、審査請求に対する人事委員会又は公平委員会の裁決を経た後でなければ、提起することができない。

ザ・コラム

■ 不利益処分に関する説明書の交付

　職員に対して不利益処分を行う際には、説明書を交付することが義務付けられています。この説明書には処分の事由と、審査請求をすることができる旨及び審査請求期間を記載しなければならないこととされています。処分を受ける職員にその理由を明示して処分内容を納得させると同時に、不服がある場合の救済の制度を教示して、職員の便宜を図っているのです。

　また、不利益処分であるかどうかの認定を任命権者が恣意的に行うことを防止するため、職員は自分が不利益な処分であると思った場合に説明書の交付を請求できることとされています。

　ただし、不利益処分を行うに際して説明書が交付されなかった場合でも、処分の効力自体には影響がないものと解されています。

労働基本権の制約

ポイント

Local Public Service Act

- ⑧⑧ 公務員は、憲法で労働基本権が保障されている<u>勤労者に含まれる</u>が、その労働基本権は一定の制約を受ける。
- ⑧⑨ <u>全ての職員が争議行為を禁止されており</u>、全ての人が争議行為を計画したり助長する行為を禁止されている。
- ⑨⑩ 警察職員・消防職員は、団結権・団体交渉権も認められていない。

⑧⑧ 公務員と労働基本権

　一人ひとりの労働者が使用者に対して個別に労働条件について交渉すると、社会的・経済的に優位な立場にある使用者に有利になるおそれがあります。そこで、労働者と使用者との間に実質的な平等を確保し、両者が対等の立場で労働条件を決定できるようにするため、憲法第28条は「勤労者の団結する権利及び団体交渉その他の団体行動をする権利は、これを保障する」と規定し、労働者が団結して使用者に対して交渉等を行う権利を認めています。これらの権利は労働基本権と呼ばれています。

　公務員も、憲法第28条の「勤労者」に含まれると解されています。したがって、地方公共団体の職員にも労働基本権が保障されるのが原則です。

　しかし、民間企業の労働者と違って、公務員は全体の奉仕者（☞ Part 24）として国民・住民全体に対して労務提供義務を負うも

30 労働基本権の制約 (141)

のであり、その労働基本権も一定の制約を受けるものと解されています。

㉟ 争議行為の禁止

労働基本権は、団結権、団体交渉権、争議権（団体行動権）の３つに分けられます。このうち争議権は、労働者がストライキやサボタージュなどの団体行動によって使用者に圧力をかけるものですが、公務員については、全ての職員が争議行為を行うことを禁止されています。

なお、年次有給休暇を集団で一斉に取得する等、外見上は法律にのっとった行為であっても、それが地方公共団体の正常な業務の運営の阻害を目的とするものであれば、全て禁止されるものと解されています。

憲法第28条によって保障されている争議権が国家公務員について認められていないことに対して、最高裁判所は「公務員の従事する職務には公共性がある一方、法律によりその主要な勤務条件が定められ、身分が保障されているほか、適切な代償措置が講じられているのであるから」、「勤労者をも含めた国民全体の共同利益の見地からするやむをえない制約というべきであつて、憲法28条に違反するものではない」と判示しました（最判昭和48. 4. 25）。

そして、地方公務員についても、上記判決の法理が妥当するものであり、また、人事委員会・公平委員会が「制度上、地方公務員の労働基本権の制約に見合う代償措置としての一般的要件を満たしているものと認めることができる」ことから、争議権が認められていないことは憲法第28条に違反しないと判示されています（最判昭和51. 5. 21）。

職員は、争議行為等を行った場合には任命上・雇用上の権利をもって対抗することができなくなるとされています。したがって、争議行為等を行ったことを理由に懲戒処分された職員が審査請求を行った場合、争議行為等を行ったという事実が明確になった段階で、不適法な審査請求として却下して差し支えないものと解されています。

また、職員に限らず全ての人が、公務員の争議行為等について企画・共謀したり、そそのかし・あおり行為により助長したりすることを禁止されています。

⑨ 警察職員・消防職員の労働基本権

　警察職員及び消防職員については、指揮命令系統の明確性等が重要とされる職務の特殊性により、職員が団結して地方公共団体の当局と交渉するという考え方自体が妥当でないと考えられることから、そもそも団結権が認められていません。したがって、団結が前提となる団体交渉権も認められないこととなり、争議権と合わせて3つの労働基本権が全て認められないということになります。

　なお、消防職員については、職員から提出された改善意見について審議して消防長に意見を述べる機能を有する消防職員委員会の制度が設けられています。

図30　最高裁による争議行為禁止合憲判断の論拠

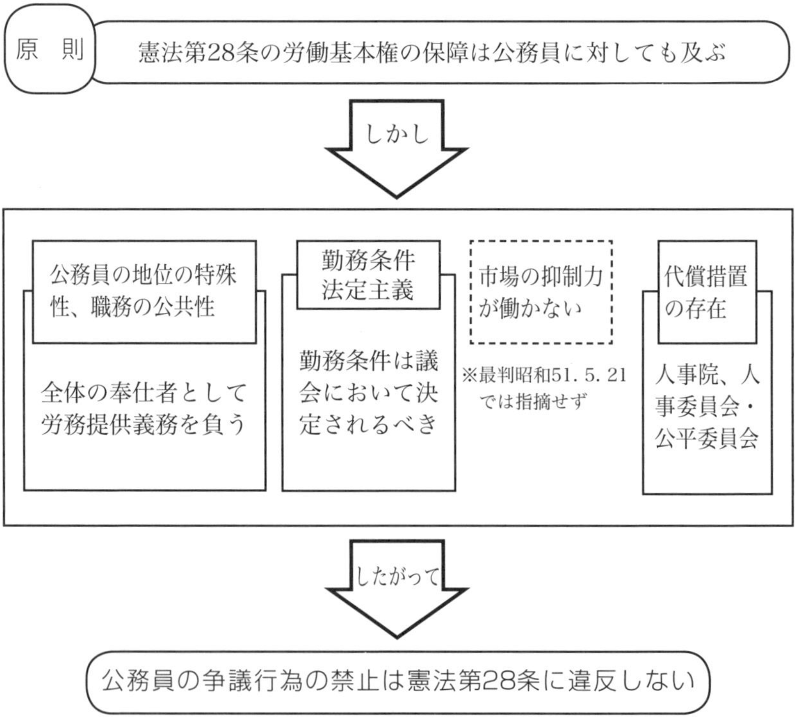

原　則　　憲法第28条の労働基本権の保障は公務員に対しても及ぶ

しかし

公務員の地位の特殊性、職務の公共性	勤務条件法定主義	市場の抑制力が働かない	代償措置の存在
全体の奉仕者として労務提供義務を負う	勤務条件は議会において決定されるべき	※最判昭和51.5.21では指摘せず	人事院、人事委員会・公平委員会

したがって

公務員の争議行為の禁止は憲法第28条に違反しない

30 労働基本権の制約 143

📖 条文をチェック！

（争議行為等の禁止）

第37条 職員は、地方公共団体の機関が代表する使用者としての住民に対して同盟罷業、怠業その他の争議行為をし、又は地方公共団体の機関の活動能率を低下させる怠業的行為をしてはならない。又、何人も、このような違法な行為を企て、又はその遂行を共謀し、そそのかし、若しくはあおつてはならない。

2 職員で前項の規定に違反する行為をしたものは、その行為の開始とともに、地方公共団体に対し、法令又は条例、地方公共団体の規則若しくは地方公共団体の機関の定める規程に基いて保有する任命上又は雇用上の権利をもつて対抗することができなくなるものとする。

（職員団体）

第52条 （略）

2〜4 （略）

5 警察職員及び消防職員は、職員の勤務条件の維持改善を図ることを目的とし、かつ、地方公共団体の当局と交渉する団体を結成し、又はこれに加入してはならない。

ザ・コラム

■ 争議行為禁止の合憲性に関する判例の変遷

　最高裁判所は、戦後しばらくの間は、公共の福祉の観点から比較的容易に公務員の争議行為の全面的禁止を合憲と判断していました。

　その後、昭和40年代には、労働基本権の制限を必要最小限のものとするため、争議行為禁止の規定を限定的に解釈した上で合憲と判断するようになりました。この時期には、国家公務員法・地方公務員法の規定において処罰の対象とされている「争議行為のあおり行為等」とは「違法性の強い争議行為」の「違法性の強いあおり行為等」に限られる、という「二重の絞り論」が採用されました。

　しかし、その後、いわゆる全農林警職法事件判決（最判昭48. 4. 25）において、非現業国家公務員の争議行為の全面的禁止を再び合憲と判断するとともに、二重の絞り論のような限定解釈は処罰の対象範囲を曖昧にし、犯罪構成要件の保障的機能を失わせることとなるもので認められないと判示しました。この判決の見解はその後地方公務員や現業公務員に関しても維持され、公務員全般について争議行為の全面的禁止が合憲と判断されるようになったのです。

Part 31

団　結　権

ポイント

Local Public Service Act

(91) 職員は、職員団体に入っても入らなくてもよいし、入ったからといって不利益な取扱いを受けることはない。

(92) 登録された職員団体は、当局に申し入れて交渉に応じさせることができ、在籍専従が認められ、申し出れば法人格を取得できる。

(93) 地方公営企業等の職員は労働組合を結成することができる。

(91) 職員団体

職員の団結権を保障するため、地方公務員法は、職員団体の制度を設けています。職員団体とは、職員が勤務条件の維持改善を図ることを目的として組織する団体であり、その性質は基本的には民間企業等における労働組合と同じものです。

職員は、職員団体を結成することも結成しないことも、加入することも加入しないことも自由であるとされています。このような制度をオープン・ショップ制といいます。民間企業では、特定の労働組合に加入しなければ採用されないクローズド・ショップ制や、採用後に加入を義務づけるユニオン・ショップ制をとることも認められますが、公務員の場合は、任用における成績主義（☞ Part 7）や、分限・懲戒の制度などによる身分保障（☞ Part 20）の観点から、組合への加入いかんによって職員たる地位を変動させることが認められていないのです。また、職員が職員団体を結成しようとしたり加入しようとしたこと、職員

団体の構成員であること等を理由として不利益な取扱いをすることも禁止されています。

　なお、地方公務員法上の職員団体として認められるためには、管理職員等と一般職員とが混在していてはならないとされています。これは、管理職員等は労使関係において使用者側の立場に立つものであるため、両者が混在する団体を組織すると、使用者側の言いなりになる御用組合になったり、一般職員の団結の切り崩しが行われるおそれがあるからです。

⑨2　職員団体の登録

　民主的かつ自主的に組織された職員団体を公証することにより、安定した労使関係が確立されるよう、職員団体を登録する制度が設けられています。

　具体的には、地方公務員法に定める一定の内容の規約を有し、重要な事項については直接秘密投票で全員の過半数の賛成により意思決定することとされており、同一の地方公共団体の職員のみで組織された職員団体は、人事委員会・公平委員会に登録を申請することができます。

　登録された職員団体から適法な交渉の申入れがあった場合、地方公共団体の当局はこれに応じなければなりません（☞ Part 32 ）。

　また、登録された職員団体については、職員は任命権者の許可を受けて、一定の期間、職員団体の役員としてその業務に専ら従事することができます。これを在籍専従と言います。在籍専従者は休職扱いとなり、給与は支給されません。

　さらに、登録された職員団体は、人事委員会・公平委員会に申し出ることにより、法人となることができます。法人格を取得した職員団体は、職員団体名義で契約や不動産登記などを行うことができます。

　なお、登録されていない職員団体も、規約について人事委員会・公平委員会の認証を受けた上で設立の登記をすれば法人となるものとされています。

㊟ 地方公営企業等の職員が結成する労働組合

　地方公営企業の職員及び特定地方独立行政法人の職員については、地方公務員法における職員団体の規定は適用されないものとされています。これらの職員は、「地方公営企業等の労働関係に関する法律」（昭和27年法律第289号）により、労働組合を結成することができることとされています。

　これら地方公営企業等の職員が結成する労働組合についても、結成するかしないか、加入するかしないかは自由であるとするオープン・ショップ制がとられています。また、使用者の利益を代表する職員とその他の職員が混在することは認められません。

　なお、単純労務職員については、地方公務員法に基づく職員団体を結成することも、労働組合を結成することも、いずれもできるものとされています。

図31　職員団体

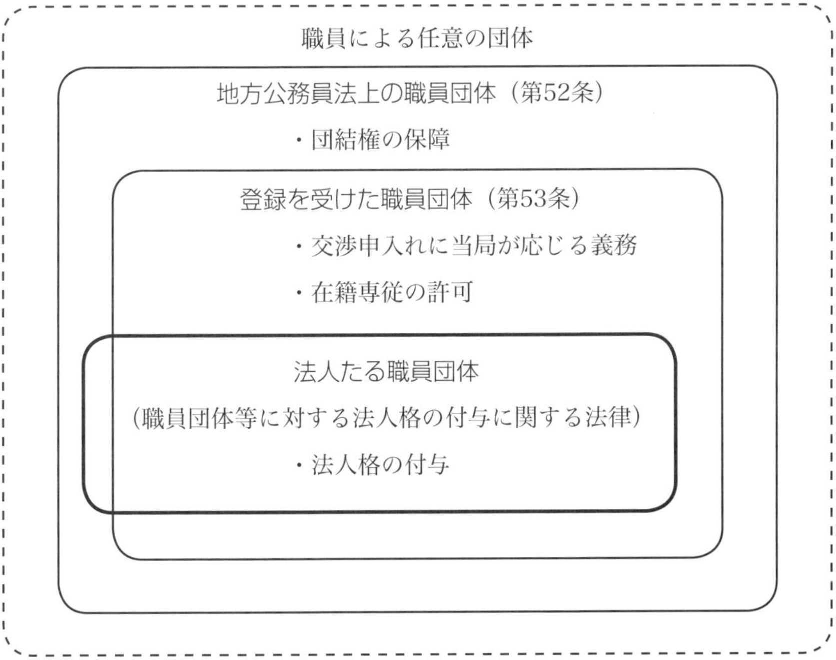

📖 条文をチェック！

（職員団体）

第52条 この法律において「職員団体」とは、職員がその勤務条件の維持改善を図ることを目的として組織する団体又はその連合体をいう。

2 （略）

3 職員は、職員団体を結成し、若しくは結成せず、又はこれに加入し、若しくは加入しないことができる。ただし、重要な行政上の決定を行う職員、重要な行政上の決定に参画する管理的地位にある職員、職員の任免に関して直接の権限を持つ監督的地位にある職員、職員の任免、分限、懲戒若しくは服務、職員の給与その他の勤務条件又は職員団体との関係についての当局の計画及び方針に関する機密の事項に接し、そのためにその職務上の義務と責任とが職員団体の構成員としての誠意と責任とに直接に抵触すると認められる監督的地位にある職員その他職員団体との関係において当局の立場に立つて遂行すべき職務を担当する職員（以下「管理職員等」という。）と管理職員等以外の職員とは、同一の職員団体を組織することができず、管理職員等と管理職員等以外の職員とが組織する団体は、この法律にいう「職員団体」ではない。

4・5 （略）

（職員団体の登録）

第53条 職員団体は、条例で定めるところにより、理事その他の役員の氏名及び条例で定める事項を記載した申請書に規約を添えて人事委員会又は公平委員会に登録を申請することができる。

2～10 （略）

（職員団体のための職員の行為の制限）

第55条の2 職員は、職員団体の業務にもつぱら従事することができない。ただし、任命権者の許可を受けて、登録を受けた職員団体の役員としてもつぱら従事する場合は、この限りでない。

2～6 （略）

（不利益取扱の禁止）

第56条 職員は、職員団体の構成員であること、職員団体を結成しよう
としたこと、若しくはこれに加入しようとしたこと又は職員団体のため
に正当な行為をしたことの故をもつて不利益な取扱を受けることはな
い。

◉地方公営企業等の労働関係に関する法律
（職員の団結権）

第5条 職員は、労働組合を結成し、若しくは結成せず、又はこれに加入
し、若しくは加入しないことができる。

2・3　（略）

ザ・コラム

■ ILO条約と職員団体

　ILO（国際労働機関）は、世界各国の労働者の労働条件の改善を目的
として活動する国連の専門機関です。

　戦後ILOに再加盟した我が国では、結社の自由及び団結権の保護に関
するILO第87号条約の批准に当たり、昭和40年に地方公務員法など関
係法令の改正が行われました。その結果、それまで職員団体の役員や構成
員になれるのは職員に限られていたのが、職員でない者が役員となること
も認められるようになり、また、職員が主体となって組織されていれば、
職員でない者が構成員となることも認められるようになったのです。

団体交渉権

ポイント

Local Public Service Act

- ㉔ 行政組織、職員の定数、予算の編成などの<u>管理運営事項</u>については、交渉の対象とすることができない。
- ㉕ 交渉の結果、締結された書面による協定は、<u>法律上の拘束力はない</u>が、双方が誠意と責任をもって履行しなければならない。
- ㉖ 地方公営企業等の労働組合が締結した労働協約の内容が条例等に抵触する場合、議会の議決等がなければ効力を生じない。

㉔ 交 渉

　地方公共団体の当局は、登録を受けた職員団体（☞ Part 31 ）から適法な交渉の申入れがあった場合には、その申入れに応じなければならないこととされています。これは、登録を受けた職員団体は一定の要件に適合する団体であることが既に公証されていることから、当局は当然に交渉に応じる立場にあるものとされているのです。したがって、登録を受けていない団体についても、当局が当該団体と交渉することが職員の勤務条件の維持改善のために望ましいと判断すれば、交渉することができます。

　交渉は、職員の給与や勤務時間といった勤務条件に関すること等について行われます。ただし、地方公共団体の事務の管理及び運営に関する事項については交渉の対象とすることができないものとされています。管理運営事項とは、行政組織、職員の定数、予算の編成など、法令等に基づいて地方公共団体の機関が自らの責任と判断によって決定すべき事

項のことです。

交渉を行うに当たっては、交渉が正常で秩序だったものとなるよう、職員団体と当局との間で、必要な事項をあらかじめ取り決める予備交渉を行った上で、取り決めに従って整然と行う必要があります。

⑨⑤ 書面による協定

民間企業等における労働組合は、団体交渉によって得られた合意内容に基づいて、使用者側との間で労働協約を締結することができます。労働協約を締結すると、就業規則等で定める勤務条件の中に労働協約の内容に反する部分がある場合、その部分は無効となり、無効となった部分は労働協約に定めるところによることになります。また、労働協約が守られていない場合は、訴訟を提起してその実現を図ることもできます。

一方、職員団体はそのような協約を締結する権利が認められていません。これは、公務員の勤務条件は国民・住民全体の意思を代表する国会・議会において法律・条例の形で決定されるべきものであり（☞ Part 14 ）、その内容を交渉によって決めることは妥当でないと考えられるためです。

ただし、職員団体は、交渉によって得られた合意内容に基づいて、法令や条例等に抵触しない限りにおいて、当局との間で書面による協定を結ぶことができます。この書面による協定は、労働協約のような法的な拘束力はなく、訴訟手続によってその内容を強制することはできませんが、当局・職員団体双方において、誠意と責任をもって履行しなければならないという道義的な義務が課されています。

⑨⑥ 労働協約

地方公営企業等の職員が結成する労働組合は、民間企業における労働組合と同様、団体交渉によって得られた合意内容に基づいて労働協約を締結することができます。この労働協約は法的な拘束力を持つものですので、これに反する労働契約の部分は無効となり、労働協約に定めるところによることになります。

ただし、地方公営企業は地方公共団体が経営するものであることから、民間企業における労働協約にはみられない制約も規定されています。例えば、条例に抵触する内容を含む労働協約が締結された場合には、その労働協約が条例に抵触しなくなるために必要な条例の改正・廃止の議案を議会で議決しない限り、条例に抵触する部分は効力を生じません。また、予算上不可能な資金の支出を内容とする労働協約が締結された場合にも、議会の承認を受けなければ労働協約の効力は生じないものとされています。

図32　労働基本権制約の度合い

	民間企業等	地方公営企業の職員／特定地方独立行政法人の職員／単純労務職員	一般行政職員／教育公務員	警察職員／消防職員
団　結　権	◯ 労働組合	◯ 労働組合	◯ 職員団体	✕
団体交渉権	◯ 労働協約	◯ 労働協約（ただし一定の制約あり）	△ 書面による協定	✕
争　議　権	◯	✕	✕	✕

32 団体交渉権 153

📖 条文をチェック！

（交渉）

第55条 地方公共団体の当局は、登録を受けた職員団体から、職員の給与、勤務時間その他の勤務条件に関し、及びこれに附帯して、社交的又は厚生的活動を含む適法な活動に係る事項に関し、適法な交渉の申入れがあつた場合においては、その申入れに応ずべき地位に立つものとする。

2　職員団体と地方公共団体の当局との交渉は、団体協約を締結する権利を含まないものとする。

3　地方公共団体の事務の管理及び運営に関する事項は、交渉の対象とすることができない。

4　職員団体が交渉することのできる地方公共団体の当局は、交渉事項について適法に管理し、又は決定することのできる地方公共団体の当局とする。

5　交渉は、職員団体と地方公共団体の当局があらかじめ取り決めた員数の範囲内で、職員団体がその役員の中から指名する者と地方公共団体の当局の指名する者との間において行なわれなければならない。交渉に当たつては、職員団体と地方公共団体の当局との間において、議題、時間、場所その他必要な事項をあらかじめ取り決めて行なうものとする。

6　（略）

7　交渉は、前2項の規定に適合しないこととなつたとき、又は他の職員の職務の遂行を妨げ、若しくは地方公共団体の事務の正常な運営を阻害することとなつたときは、これを打ち切ることができる。

8　本条に規定する適法な交渉は、勤務時間中においても行なうことができる。

9　職員団体は、法令、条例、地方公共団体の規則及び地方公共団体の機関の定める規程にてい触しない限りにおいて、当該地方公共団体の当局と書面による協定を結ぶことができる。

10　前項の協定は、当該地方公共団体の当局及び職員団体の双方において、誠意と責任をもつて履行しなければならない。

11　（略）

ザ・コラム

交渉の方法

　交渉に先立って行われる予備交渉では、職員団体と当局との間で、議題、時間、場所などの必要事項を取り決めておきます。それに基づいて、あらかじめ取り決めた人数の範囲内で職員団体がその役員の中から指名する者と当局が指名する者との間で交渉を行います。

　これらの取り決めに反するときや、他の職員の職務遂行を妨げたり地方公共団体の事務の正常な運営を阻害するようなときには、交渉を打ち切ることができます。

　なお、適法な交渉は勤務時間中においても行うことができるものとされています。ただし、その場合であっても、適正な手続を通じて、職務専念義務免除の承認を受ける必要があります。

Part 33

33　補則・罰則　(155)

補則・罰則

ポイント

Local Public Service Act

- ⑨⑦　公立学校の教職員の身分取扱い等については、特例法が定められている。
- ⑨⑧　地方公務員については、一般の労働関係法規の一部の適用が除外される。
- ⑨⑨　長は、毎年、任命権者から<u>人事行政の運営の状況</u>の報告を受けて取りまとめ、その概要を公表する。
- ⑩⑩　特に処罰の必要性が認められる者に対して、<u>懲役又は罰金</u>等の罰則規定が設けられている。

⑨⑦　特例法が適用される職員

　地方公務員法第4章では、法律の適用関係などについて、補則として規定が設けられています。

　地方公務員法は一般職の地方公務員の身分取扱い等に関する基本法ですが、職務と責任の特殊性により特例が必要な職員については、別に法律で定めることとされています。

　具体的には、公立学校の教職員について、教育公務員特例法（昭和24年法律第1号）、地方教育行政の組織及び運営に関する法律（昭和31年法律第162号）などの法律により、教育公務員の特殊性に基づく特例が定められています（☞ Part 25 、 Part 26 、 Part 27 ）。

　また、単純労務職員の身分取扱いについては、地方公営企業等の労働関係に関する法律及び地方公営企業法（昭和27年法律第292号）の規定を準用することとされています。

⑱ 労働関係法規の適用除外

　地方公務員の労働関係については、地方公務員法等において、全体の奉仕者として住民全体に対して労務提供義務を負うという性質に基づいた規定が設けられています。そのため、一般の労働関係諸法令の規定については、各規定の内容と地方公務員の性質とを考慮して、個々に職員への適用の有無が定められています。

　具体的には、労働組合法（昭和24年法律第174号）等の法令の規定が適用除外とされているほか、労働基準法等の法令について一部の規定が職員には適用されないこととされています。

⑲ 人事行政の運営の状況の公表

　職員の給与をはじめとする地方公共団体の人事行政の運営については、地域住民の納得と支持を得られるようにすることが必要です。

　そこで、人事行政の公正性・透明性を高めるために、地方公共団体の長は、毎年、任命権者から職員の任用、人事評価、勤務条件、分限・懲戒、服務等人事行政の運営状況の報告を受けてこれを取りまとめ、その概要を住民に公表しなければならないこととされています。

　その際には、人事委員会・公平委員会から報告される業務の状況も併せて公表することとされています。

　これら公表の具体的な方法や時期等については、各地方公共団体が条例で定める必要があります。

　なお、地方公共団体の長は、等級及び職名ごとの職員数についても、毎年公表することが義務付けられています。

⑳ 罰　則

　地方公務員法第5章では、この法律の遵守を確保するため、特に処罰の必要性が認められる者に対して、罰則の規定が設けられています。

　例えば、秘密を守る義務（☞ Part 26 ）に違反して秘密を漏らした者や、成績主義（☞ Part 7 ）に違反する任用を行った者などについては、その者に対して懲役又は罰金の刑罰を科すこととされているほ

か、それらの行為を計画したり助長したりした者に対しても同様の刑罰を科すこととされています。

一方、争議行為（☞ Part 30 ）を実行した者については罰則の規定はありませんが、争議行為を未然に防止することを重視する観点から、争議行為を計画したり助長したりした者に対して刑罰を科すこととされています。

また、離職後に営利企業等に再就職した元職員による職員への働きかけ（☞ Part 26 ）があった場合には、働きかけを行った元職員に対して過料又は刑罰を科すこととされています。

図33 人事行政の運営の状況の公表

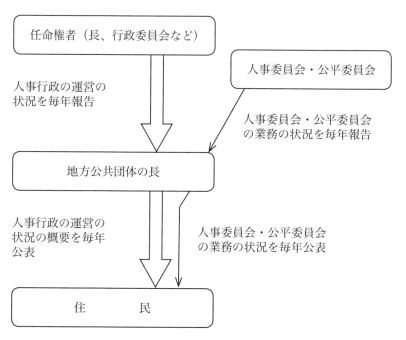

条文をチェック！

（特例）

第57条 職員のうち、公立学校（中略）の教職員（中略）、単純な労務に雇用される者その他その職務と責任の特殊性に基づいてこの法律に対する特例を必要とするものについては、別に法律で定める。ただし、その特例は、第1条の精神に反するものであつてはならない。

（他の法律の適用除外等）

第58条 労働組合法（昭和24年法律第174号）、労働関係調整法（昭和21年法律第25号）及び最低賃金法（昭和34年法律第137号）並びにこれに基く命令の規定は、職員に関して適用しない。

2〜5 （略）

（人事行政の運営等の状況の公表）

第58条の2 任命権者は、次条に規定するもののほか、条例で定めるところにより、毎年、地方公共団体の長に対し、職員（臨時的に任用された職員及び非常勤職員（第28条の5第1項に規定する短時間勤務の職を占める職員を除く。）を除く。）の任用、人事評価、給与、勤務時間その他の勤務条件、休業、分限及び懲戒、服務、退職管理、研修並びに福祉及び利益の保護等人事行政の運営の状況を報告しなければならない。

2 人事委員会又は公平委員会は、条例で定めるところにより、毎年、地方公共団体の長に対し、業務の状況を報告しなければならない。

3 地方公共団体の長は、前2項の規定による報告を受けたときは、条例で定めるところにより、毎年、第1項の規定による報告を取りまとめ、その概要及び前項の規定による報告を公表しなければならない。

（罰則）

第60条 次の各号のいずれかに該当する者は、1年以下の懲役又は50万円以下の罰金に処する。

(1)〜(8) （略）

第62条 第60条第２号又は前条第１号から第３号まで若しくは第５号に掲げる行為を企て、命じ、故意にこれを容認し、そそのかし、又はそのほう助をした者は、それぞれ各本条の刑に処する。

ザ・コラム

■ 人事行政運営の状況の公表の方法

　人事行政運営の状況の公表制度は、住民の納得と支持を得られるよう公正性・透明性を高めることを趣旨とするものですから、住民に対して分かりやすくなるよう、必要に応じて表やグラフ等を活用したり、解説を加えたりして概要を整理した上で公表することが適当です。

　公表方法としては、公報への掲載、新聞紙上への掲載、住民の見やすい場所への掲示、インターネットの活用などの方法が考えられますが、いずれにしても広く住民に対して周知することができる方法をとる必要があります。

◢ さくいん ◣

ーあ

ILO	149
充て職	57
依願休職	100
依願退職	97
育児休業	90
育児短時間勤務	91
一般職	19
営利企業への従事等の制限	121
オープン・ショップ制	145

ーか

介護休暇	86
戒告	109
勧奨退職	97
管理運営事項	150
期末手当	77
休暇	86
休憩時間	81
休日	85
休職	99
給与請求権	75
給料	76
給料表	77
共済組合	131
共済制度	131

行政委員会	24
行政整理	102
競争試験	43
均衡の原則	67
勤勉手当	77
勤務延長	104
勤務条件	70
勤務条件条例主義	69
クローズド・ショップ制	145
欠格条項	34
減給	109
研修	63
兼職	57
県費負担教職員	119
降給	100
公権力の行使	30
降任	39、98
公平委員会	25
公務災害補償	131
高齢者部分休業	89

ーさ

再就職者による依頼等の規制	121
在籍専従	146
再任用	104
採用	38
採用候補者名簿	47

採用内定	42	選挙運動	129
三六協定	81	選考	44
時間外勤務	80	争議権	141
時間外勤務手当	77	争議行為	141
時季指定	86	措置要求	135
自己啓発等休業	90		
事務従事	58		
修学部分休業	89	**ーた**	
出向	58	大学院修学休業	90
条件付採用	44	退職手当	78
情勢適応の原則	31	短期給付	131
昇任	38	団結権	141、145
消防職員委員会	142	団体交渉権	141
消防団員	23	地方公務員災害補償基金	132
職	19	地方公務員の3要素	16
職員	19	地方独立行政法人	16
職員団体	145	長	24
職階制	37	懲戒	94
職務給の原則	71	長期給付	131
職務専念義務	117	長の総合調整権	24
職務命令	116	重複給与支給の禁止	72
書面による協定	151	直接払いの原則	72
審査請求	136	通貨払いの原則	72
審査請求前置主義	137	手当	77
人事委員会	25	停職	109
人事院勧告	68	定年退職	103
人事評価	62	転任	39
信用失墜行為	120	等級別基準職務表	71
スポイルズ・システム	34	登録された職員団体	146
政治的行為の制限	125	特殊勤務手当	79
成績主義	34	特定地方独立行政法人	17
全額払いの原則	72	特別休暇	88

さくいん 163

特別職………………………………… 19
特例定年……………………………… 104

ーな

二重の絞り論………………………… 144
任期付研究員………………………… 56
任期付採用…………………………… 52
任期付短時間勤務職員……………… 53
任命…………………………………… 38
任命権者……………………………… 24
任用…………………………………… 33
年次有給休暇………………………… 86

ーは

配偶者同行休業……………………… 90
派遣…………………………………… 58
非常勤職員…………………………… 49
秘密…………………………………… 121
病気休暇……………………………… 86
標準職務遂行能力…………………… 39
平等取扱の原則……………………… 29
費用弁償……………………………… 76
服務…………………………………… 112
服務の宣誓…………………………… 113
不利益処分に関する説明書………… 139
分限…………………………………… 94
併任…………………………………… 57
変形労働時間制……………………… 84
報酬…………………………………… 76
補助執行……………………………… 58

ーま

民生委員……………………………… 16
メリット・システム………………… 34
免職………………………………98、109

ーや

ユニオン・ショップ制……………… 145
予備交渉……………………………… 151

ーら

ラスパイレス指数…………………… 70
猟官制………………………………… 34
旅費…………………………………… 76
臨時的任用…………………………… 48
労働基本権…………………………… 140
労働協約……………………………… 151
労働組合……………………………… 147

著　者
田 中　徹 也（たなか・てつや）　元自治大学校教授

２訂版　図説　地方公務員法ポイント100

平成23年 4 月11日　初 版 発 行
平成28年11月20日　2 訂版発行

著　　者　　田 中 徹 也
発 行 者　　星 沢 卓 也
発 行 所　　東京法令出版株式会社

112-0002	東京都文京区小石川 5 丁目 17 番 3 号	03（5803）3304
534-0024	大阪市都島区東野田町 1 丁目 17 番 12 号	06（6355）5226
062-0902	札幌市豊平区豊平 2 条 5 丁目 1 番 27 号	011（822）8811
980-0012	仙台市青葉区錦町 1 丁目 1 番 10 号	022（216）5871
460-0003	名古屋市中区錦 1 丁目 6 番 34 号	052（218）5552
730-0005	広 島 市 中 区 西 白 島 町 11 番 9 号	082（516）1230
810-0011	福岡市中央区高砂 2 丁目 13 番 22 号	092（533）1588
380-8688	長 野 市 南 千 歳 町 1005 番 地	

〔営業〕TEL 026（224）5411　FAX 026（224）5419
〔編集〕TEL 03（5803）3304　FAX 03（5803）2624
http://www.tokyo-horei.co.jp/

Ⓒ TETSUYA TANAKA　Printed in Japan, 2011
　本書の全部又は一部の複写、複製及び磁気又は光記録媒体への入力等は、著作
権法上での例外を除き禁じられています。これらの許諾については、当社までご
照会ください。
　落丁本・乱丁本はお取替えいたします。
ISBN978-4-8090-4068-9